AMRYWIAITH 4

Llyfrau Llafar Gwlad

AmrywIAITH 4
Blas ar dafodieithoedd Cymru

Dr Guto Rhys

Argraffiad cyntaf: 2024

ⓗ Guto Rhys/Gwasg Carreg Gwalch

Cedwir pob hawl. Ni chaniateir atgynhyrchu unrhyw ran/rannau
o'r gyfrol hon mewn unrhyw ddull na modd
heb drefniant ymlaen llaw gyda'r cyhoeddwyr.

ISBN clawr meddal: 978-1-84524-607-5

Cynllun clawr: Adran Ddylunio Cyngor Llyfrau Cymru

Cyhoeddwyd gan yr Awdur

Argraffwyd a chyhoeddwyd yng Nghymru.

Cynnwys

Cyflwyniad	12
Cywiriadau	13
Diolchiadau	13
Llyfryddiaeth	14
Byrfoddau	17
Termau	17
Geirfa	
Acronym	20
Adladd	20
Addo/Gaddo	21
Aeddfed	22
Afal	23
Ailddenghongli Enwau Lleoedd Cymraeg	25
Are we nearly there yet?	27
Athro, titsiar	29
Bacon rind	30
Bach 'i fam	31
Balu	31
Bathiadau	31
Boncyff, Bonyn,	31
Bratiaith? (Cymraeg Cerrig Calch, Iaith Shiprys)	32
Brathu, cnoi	34
Brawddeg Amwys	36
Brawddeg hiraf	36
Brick(s)	37
Buwch, gwartheg, da	38
Cael Ail	41
Cael bydau	41
Cael Gwagiad	42
Caethgyfle	42
Cafodd	42

Cala, coc	43
Camddeall Cymraeg	45
Canu Crwth, Canu Grwndi (*to purr*)	46
Cenlli	47
Chud, chewing gum	47
Cnofa	48
Corryn, pry' cop(yn)	49
Crugo	50
Crust	51
Cwcan, Cwcio, Coginio	53
Cyfain	54
Cyflo(i), cyfeb etc.	54
Cymry ar Wasgar	56
Cynllwyn (cinllwn)	61
Chwimiad	61
Chwithio	61
Dadwisgo	61
Danadl Poethion	62
Difiau	67
Dressing Gown	67
Drygiog	67
Dwyn	68
Ebychiadau a Llwon	69
Fflich	70
Ffon, ffyn, ffone	70
Go-cart	71
Godre	71
Gogru	71
Gollwng cerdded	72
Grifft (*frogspawn*)	73
Gristle	73
Gw- ynteu G-?	74
Gwael	75

Gwenni	75
Gwlych	76
Hoff Ddiarhebion, dywediadau ac ymadroddion	76
Idiot	78
Iro, Ired	78
Locsyn, barf	79
Lost in Translation	79
Llesmair	81
Llenni, Cyrtens	81
Lleuos	82
Lluosogi Ansoddeiriau	82
Lluosogion Dwbl	84
Malwod, Malwen, Malwoden	84
Mynd	85
Pam?	86
Pencil Sharpener & To sharpen a pencil	87
Perthyn drwy'r berth	88
Perthyn Gwaed Chwannen	88
Pyllau trai	88
Pystylad a Stablan (cerdded yn yr unfan, '*to stamp*')	89
Scrambled Eggs	89
Shoelaces	90
Sigil-gnoi	91
Simdde	91
Sleid, siŵt	92
Stitch	92
Tai Tafarnau Cymraeg	93
Talmaen	95
Tecstiaith	95
Teulu	95
Tin	98
Toethan a Coethan	98
Trawsosod (*metathesis*)	99

Treiglad Llaes	100
Treiglo Dwbwl	101
Tywydd Grifft	101
Wats / oriawr	101
Whirlwind	102
Wishbone	102
Wyneb	102
Ymyrraeth	103
Ysgyrnygu	103
Cyfranwyr	104
Diolchiadau	106

Cyfres Llyfrau Llafar Gwlad – rhai teitlau

60. CHWYN JOE PYE A PHINCAS ROBIN – ysgrifau natur
    Bethan Wyn Jones; £5.50
61. LLYFR LLOFFION YR YSGWRN, Cartref Hedd Wyn
    Gol. Myrddin ap Dafydd; £5.50
62. FFRWYDRIAD Y POWDWR OIL
    T. Meirion Hughes; £5.50
63. WEDI'R LLANW, Ysgrifau ar Ben Llŷn
    Gwilym Jones; £5.50
64. CREIRIAU'R CARTREF
    Mary Wiliam; £5.50
65. POBOL A PHETHE DIMBECH
    R. M. (Bobi) Owen; £5.50
66. RHAGOR O ENWAU ADAR
    Dewi E. Lewis; £4.95
67. CHWARELI DYFFRYN NANTLLE
    Dewi Tomos; £7.50
68. BUGAIL OLAF Y CWM
    Huw Jones/Lyn Ebenezer; £5.75
69. O FÔN I FAN DIEMEN'S LAND
    J. Richard Williams; £6.75
70. CASGLU STRAEON GWERIN YN ERYRI
    John Owen Huws; £5.50
71. BUCHEDD GARMON SANT
    Howard Huws; £5.50
72. LLYFR LLOFFION CAE'R GORS
    Dewi Tomos; £6.50
73. MELINAU MÔN
    J. Richard Williams; £6.50
74. CREIRIAU'R CARTREF 2
    Mary Wiliam; £6.50
75. LLÊN GWERIN T. LLEW JONES
    Gol. Myrddin ap Dafydd; £8.50
76. DYN Y MÊL
    Wil Griffiths; £6.50
78. CELFI BRYNMAWR
    Mary, Eurwyn a Dafydd Wiliam; £6.50

79. MYNYDD PARYS
    J. Richard Williams; £6.50
80. LLÊN GWERIN Y MÔR
    Dafydd Guto Ifan; £6.50
81. DYDDIAU CŴN
    Idris Morgan; £6.50
82. AMBELL AIR
    Tegwyn Jones; £6.50
83. SENGHENNYDD
    Gol. Myrddin ap Dafydd; £7.50
84. ER LLES LLAWER – Meddygon Esgyrn Môn
    J. Richard Williams; £7.50
85. CAEAU A MWY
    Casgliad Merched y Wawr; £4.99
86. Y GWAITH A'I BOBL
    Robin Band; £7.50
87. LLÊN GWERIN MEIRION
    William Davies (gol. Gwyn Thomas); £6.50
88. PLU YN FY NGHAP
    Picton Jones; £6.50
89. PEN-BLWYDD MWNCI, GOGYROGO A CHAR GWYLLT –
    Geiriau a Dywediadau Diddorol
    Steffan ab Owain; £6.50
90. Y DYRNWR MAWR
    Twm Elias ac Emlyn Richards; £7.50
91. CROESI I FÔN – Fferïau a Phontydd Menai
    J. Richard Williams; £8.50
92. HANES Y BACO CYMREIG
    Eryl Wyn Rowlands; £8
93. ELIS Y COWPER
    A. Cynfael Lake; £8
94. AMRYWIAITH
    Dr Guto Rhys; £7.50
95. AMRYWIAITH 2
    Dr Guto Rhys; £7.50
96. AMRYWIAITH 3
    Dr Guto Rhys; £7.50

Cyflwyniad

Rydw i eisoes wedi rhoi cyflwyniadau go fanwl yn y tri llyfr cyntaf yn y gyfres, felly wna i ddim taflu gormod o gawl eildwym atoch yma. Nodaf fod y rhan fwyaf o'r trafodaethau yn deillio o sgyrsiau ar y grŵp *Facebook* o'r enw *Iaith*. Erbyn hyn mae gennym dros 17,400 o aelodau, ac mae'n mynd o nerth i nerth gyda channoedd o bobol o bob cwr o'r wlad (a thu hwnt) yn cyfrannu bob wythnos. Myfi sydd wedi sbarduno'r rhan fwyaf o'r trafodaethau trwy osod cwestiwn neu ddau yn feunyddiol. Daw'r rhain fel arfer o'r llyfrau safonol ar dafodieithoedd y Gymraeg, neu o nofelau. Mae llawer o unigolion sylwgar hefyd wedi cyfrannu gan nodi geiriau neu faterion diddorol a ddaeth i'w sylw.

Mae nifer helaeth o resymau pam na ellir ystyried y llyfr hwn yn un cwbl wyddonol a'r pennaf o'r rheini yw'r ffaith mai anecdotaidd braidd yw'r cyfraniadau. Mae hyn yn anochel wrth gwrs. Nid oes yma gysondeb o ran oedran na chefndir, ac weithiau ni lwyddwyd i sicrhau atebion o bob ardal. Serch hyn teimlaf fod casglu'r wybodaeth yn hanfodol gyda thafodieithoedd yn newid (ac yn edwino) yn gyflym a llawer iawn o waith yn aros i'w wneud. Mae cryn dipyn felly yn dibynnu ar bwy sy'n penderfynu cyfrannu at bob postiad. Ni bu ychwaith fodd i holi a stilio pob cyfrannydd, ond yr argraff a gaf i yw bod pawb yn gwbl agored ac yn onest ynghylch y geiriau a'r ymadroddion a nodwyd, a wir i chi mae yma gyfoeth rhyfeddol am amrywio a newid yn y Gymraeg.

Rydw i'n ceisio cyflwyno ambell bwnc llai safonol (ahem) oherwydd nad oes modd gwneud hyn bob tro yn y dosbarth neu'r sustem addysg, ac mae'n bwysig cofnodi pob agwedd ar ddychymyg yr iaith Gymraeg. Fel y gwelwch byddaf yn ychwanegu nodiadau am hanes y geiriau pan fo modd.

Diolch o galon a *diolch yn dalpe* i bawb a fu'n cyfrannu – eich gwaith chi yw hwn. Dim ond ceisio rhoi trefn ar bethau a wnes i, ac ychwanegu nodiadau pellach.

Cywiriadau

Un o nodweddion amlwg a chanmoladwy y llyfrau sydd wedi eu seilio ar y gyfres deledu QI (Quite Interesting) yw bod y llyfrau yn agor gyda chywiriadau i'r gyfrol flaenorol. Mae'n anodd canmol hyn yn ddigonol. Un o anawsterau mawr y byd academaidd yw bod cyhoeddiad yn aml yn ffosileiddio barn neu gamsyniadau, un ai'n ddamweiniol neu drwy anwybodaeth, ac yn hau hedyn *ffactoid*, a gall y rhain bara am genedlaethau. Prin y mae unrhyw erthygl neu lyfr yn gwbl rydd o feiau neu o frychau. Gwahoddwyd cywiriadau i *AmrywIAITH 3*, ond ni ddaeth llawer. Efallai bod hynny oherwydd rhagoriaeth ysgubol y llyfr, neu oherwydd na thrafferthodd neb i ateb. Byddai'n well gan fy ego yr ateb cyntaf, ond y gwir yw (er mor anodd yw derbyn beirniadaeth) fod cywirio a newid barn yn rhan greiddiol o'r broses academaidd. Felly unwaith eto, gwahoddaf sylwadau a chywiriadau.

Diolchiadau

Mawr yw fy niolch i'r cannoedd lawer sydd wedi cyfrannu sylwadau, rhai bron yn ddyddiol. Mawr hefyd yw fy niolch i'm mam (Eluned Lawrence), yn enwedig am iddi brynu *The Linguistic Geography of Wales* gydag arian gwobr o'r Coleg Normal. Bûm yn pori'n gyson yn hwn dros y blynyddoedd. Bu fy llystad, Ian Lawrence, o gymorth cyson yn ogystal. Rhaid hefyd roi diolch anferthol i Phyl Brake a Dr Iwan Wyn Rees am ddarllen dros ddrafft o'r gwaith a chynnig llu o welliannau a chywiriadau. Diolch hefyd i Geraint Løvgreen am ei waith prawfddarllen manwl a dwys.

Llyfryddiaeth

Nodaf yma y prif lyfrau a'r gweithiau a ddefnyddiwyd. Maent yma rhag ofn y carai rhai ohonoch ymchwilio ymhellach a sicrhau bod rhyw goel ar yr hyn a honnaf. Os nad oes arnoch awydd turio'n ddyfnach gobeithiaf y gallwch anwybyddu'r byrfoddau achlysurol sy'n digwydd yng nghorff y gwaith.

AHD – WATKINS, C. 2000. *The American Heritage Dictionary of Indo-European Roots*, Boston, New York, Houghton Mifflin Company.
AMR – Archif Melville Richards (Enwau Lleoedd).
http://www.e-gymraeg.co.uk/enwaulleoedd/amr/cronfa.aspx
BILLE – JONES, B. L. 1987. *Blas ar Iaith Llŷn ac Eifionydd*, Llanrwst, Gwasg Carreg Gwalch.
BLITON – *Brittonic Language in the Old North* (Alan James, 2017)
https://spns.org.uk/resources/bliton
CODEE – HOAD, T. F. 1993. *The Concise Oxford Dictionary of English Etymology*, Oxford, Oxford University Press.
DCCPN – FALILEYEV, A. 2010. *Dictionary of Continental Celtic Place-Names*, Aberystwyth, Cambrian Medieval Celtic Studies.
DLG – DELAMARRE, X. 2003. *Dictionnaire de la langue gauloise*, Paris, Éditions Errance.
EDL – VAAN, M. D. 2008. *Etymological Dictionary of Latin and the other Italic Languages*, Leiden – Boston, Brill.
EDPC – MATASOVIĆ, R. 2009. *Etymological Dictionary of Proto-Celtic*, Leiden & Boston, Brill.
EGOW – FALILEYEV, A. 2000. *An Etymological Glossary of Old Welsh*, Bonn, Niemeyer.
GDD – MORRIS, M. 1910. *A Glossary of the Demetian Dialect of North Pembrokeshire (With Special Reference to the Gwaun Valley)*, Tonypandy, Evans & Short.
GPC – *Geiriadur Prifysgol Cymru* http://welsh-dictionary.ac.uk/gpc/gpc.html
IEW – POKORNY, J. 1959. *Indogermanisches etymologisches Wörterbuch*, Bern. https://indo-european.info/pokorny-etymological-dictionary/index.htm
ISF – JONES, B. L. 1983. *Iaith Sir Fôn*, Dinbych, Llygad yr Haul.
LEIA – VENDRYES, J., BACHELLERY, E. & LAMBERT, P.-Y. 1959-. *Lexique étymologique de l'irlandais ancien*, Dublin, Dublin Institute for Advanced Studies.

LGW – THOMAS, A. R. 1973. *Linguistic Geography of Wales: Contribution to Welsh Dialectology*, Cardiff, University of Wales Press.
NDEH – DUBOIS, J., MITTERAND, H. & DAUZAT, A. 1971. *Nouveau Dictionnaire Étymologique et Historique*, Paris, Larousse.
NPC – DELAMARRE, X. 2007. *Noms de Personnes Celtiques dan L'Épigraphie Classique*, Paris, Éditions Errance.
OED – *Online Etymological Dictionary*
https://www.etymonline.com/word/kiss#etymonline_v_44022
WVBD – FYNES-CLINTON, O. H. 1913. *The Welsh Vocabulary of the Bangor District*, Oxford, Oxford University Press.
https://archive.org/details/welshvocabularyoofyneuoft/page/n1
YM – LOWIES, P. & MORRIS, G. (eds.) 2022. *Ymadroddion Môn – Casgliad John Gwilym Jones*, Llannerch-y-medd, Gwasg Carreg Gwalch.

Byrfoddau

PIE – Proto-Indo-Ewropeg (yr iaith y deillia'r Gymraeg, y Saesneg, y Gwrdeg, Lladin, Hindi, Groeg ac ati, ohoni).

Termau

acennog – lle disgyn yr acen bwys e.e. cy̱nnig ond cyni̱giais. Fel arfer mae'n disgyn ar y goben yn Gymraeg.

affeithiad – lle ymdebyga un llafariad i un arall yn yr un gair e.e. *lla̱nc* ond *lle̱ncyn*.

ansoddair – gair disgrifio e.e. *mawr, anystywallt, pinc, dafyddapgwilymaidd*.

atalsain – sain sy'n cael ei wneud ag ychydig o ffrwydrad, e.e. *b, d, g, p, t, c*.

bannod – y geiriau *y* ac *yr*, e.e. *y sosban, y gwaith*. Dim ond bannod benodol sydd yn y Gymraeg. Yn y Saesneg ceir bannod benodol a bannod amhenodol *the obelisk, an obelisk*.

benywaidd – yn y Gymraeg ceir geiriau *benywaidd* a geiriau *gwrywaidd*. Mae ffurfiau benywaidd unigol yn treiglo ar ôl *y* (y f̱erch, y genedl), yn peri treiglad i ansoddair sy'n dilyn (cath f̱awr, gwlad gyfoethog) a defnyddir *dwy, tair* a *pedair* â nhw (dwy fam, tair cerdd, pedair afon).

berfenw – gair sy'n mynegi gweithred e.e. *cysgu, drwgdybio, sgrechian*.

camrannu – troi '*a nadder*' yn '*an adder*'. Meddwl bod rhaniad mewn ymadrodd mewn lle gwahanol i'r lle hanesyddol.

cenedl – *benywaidd a gwrywaidd* mewn gramadeg. Dwy genedl sydd yn y Gymraeg e.e. *y ddynes* ond *y dyn, dwy lori* ond *dau gar*.

cyfansoddair – gair wedi'i wneud o fwy nag un gair e.e. *cyfansoddair* (cyfansawdd+gair), *hirben* (hir+pen).

cynffurf – hen ffurf ar air. Ffurf ddamcaniaethol yw wedi'i seilio ar ei gymharu ag ieithoedd eraill, tystiolaeth fewnol iaith, hen arysgrifau, ffurfiau a fenthyciwyd o ieithoedd eraill ac ati e.e. **damatā* am *dafad*. Nodir y rhain ag asterisg *.

cytras – o'r un tarddiad e.e. *cath* yn Gymraeg a *kazh* yn Llydaweg, neu *finistra* (Eidaleg) a *fenêtre* (Ffrangeg).

dadfathiad – pan fo un o ddwy sain debyg yn ymwahanu oddi wrth ei gilydd e.e. *camfa* > *cam̱dda*. Mae *f* a *dd* yn seiniau a wneir mewn lle agos yn y geg.

deuol – mewn nifer o ieithoedd ceir *unigol, lluosog* a hefyd *deuol*. Mae hwn fel arfer yn cyfeirio at bethau sy'n digwydd mewn parau fel llygaid, coesau. Gwryw yw 'dau', wrth reswm, ond mae hefyd yn ddeuol ac mae'r rhif deuol yn treiglo yn y Gymraeg, ac yn peri treiglo, *y ddau ddyn*.

deusain – sain mewn un sillaf sy'n cynnwys dau lafariad, lle bo un yn symud i'r llall e.e. *aw, ei, wy, we*.

diacen – lle nad oes pwyslais mewn gair. Fel arfer ar y goben y mae'r acen bwys yn y Gymraeg, felly mae'n symud os ychwanegir sillaf at y diwedd e.e. *colled, colledion*. Mae'r sillafau eraill felly yn ddiacen.

dileisio – Mae rhai seiniau yn lleisiol e.e. *b, d, g*, hynny yw mae rhyw hymio yn y gwddf wrth eu cynhyrchu. Y ffurfiau di-lais cyfatebol yw *p, t, c*. Dan rai amgylchiadau bydd yr hymio hwn yn peidio, a dyma yw 'dileisio' e.e. *tad* ond *ei that hi* mewn llawer o dafodieithoedd.

ffrithiol – 'fricative', sain lle mae cyffyrddiad ond sy'n cael ei chynhyrchu heb ffrwydrad, hynny yw sain y gallwch ei hynganu yn hir, fel *ch, dd, th, ff, f*.

glòs – gair neu nodiad wedi ei sgrifennu ar ymyl tudalen neu rhwng y llinellau i egluro rhywbeth yn y testun.

goben – y sillaf olaf ond un e.e. *sillaf, sillafau*.

gorgywiro – Meddwl bod rhywbeth yn anghywir pan nad yw, a'i gywiro yn ddiangen e.e. tybio mai ffurf anghywir o *llef* yw *lle* ac adfer (camadfer mewn gwirionedd) yr *f* yn y lluosog *llefydd*.

gwefusol – seiniau a gynhyrchir â'r gwefusau e.e. *p, b, ff, f, w*.

isoglos – Llinell sy'n dynodi terfyn daearyddol (weithiau amseryddol) nodwedd ieithyddol neilltuol. Mae isoglos rhwng *ma's* ac *allan* yng ngogledd Penfro.

lluosill – mwy nag un sillaf e.e. *dafad, cyfrifiadur, Pwllgwyngyll*.

lluosog – mwy nag un e.e. *defaid, tai, cysgodion, afalau*.

orgraff – y ffordd o sillafu geiriau, e.e. yn orgraff y Wladfa defnyddid *v* yn aml, e.e. Y *Wladva*.

rhagddodiad – geiryn bach sydd ddim yn digwydd ar ei ben ei hunan, ond y gellir ei roi o flaen gair arall i ffurfio gair newydd, e.e. *di-* yn *diniwed, gor-* yn *gorfwyta, an-* yn *annymunol*.

terfyniad – geiryn bach sydd ddim yn gwneud synnwyr ar ei ben ei hun ond y gellir ei roi ar ddiwedd gair arall i newid yr ystyr e.e. *gwisg – gwisgo, banana – bananas, meddw – meddwol*.

trawsosod – sain yn newid lle mewn gair e.e. 'pyrnu' am 'prynu' ym Môn.

ymwthiol – sain sy'n ymddangos rhwng clwstwr o seiniau a all fod yn anodd eu hynganu e.e. *pobl > pobol, llyfr > llyfyr*.

ynganiad – *pronunciation*, y ffordd y caiff gair ei ddweud.

Geirfa

Acronym

Talfyriad a wneir gyda llythrennau cychwynnol y geiriau yw hwn. Daw o'r iaith Roeg am *uchel+enw*. Yr un *'acro'* sydd yn Acropolis, y ddinas uchel.

Cafwyd cyfieithiad ardderchog o un Saesneg poblogaidd, sef:

GOAT – Greatest of all time.
GAFR – Gorau a fu 'rioed!

Cofiaf lanc direidus o Benrhyndeudraeth yn nodi'r canlynol MOT (Mewn o'r Tu Ôl). Nododd Ann Corkett ei bod wrth ei bodd bod y *California Department of Water Resources* yn defnyddio'r acronym DWR.

Adladd (WVBD 184, GTN 37)

Yr *adladd* yw'r cnwd newydd sy'n tyfu ar ôl lladd gwair neu fedi cynhaeaf. Y gair Saesneg yw *'aftergrass'*. Yn Edeirnion nodwyd mai'r *adlodd* oedd 'yr hyn a oedd ar y cae wedi iddo gael ei gynaeafu, a chymerai hynny fwy o amser yn y gorffennol, mae'n wir, ac felly gallai fod rhywfaint o dyfiant ifanc newydd.' Yn wir mae'r ystyr hon yn gyffredin yn y Gogledd ac o leiaf mewn rhannau o'r De, sef ei fod yn cyfeirio at y gwair a erys yn y cae ar ôl medi. Daw o *ad-* (eto) a *lladd*, wrth gwrs.

Ond cyn mentro ar yr holl amrywiadau beth sydd a wnelo hyn â *lladd*? Y peth cyntaf i'w nodi yw na wyddom o ble daw'r gair hwn. Mae'r ffurf Hen Wyddeleg *sladi* 'tery, tyr', yn awgrymu ei fod yn bodoli ym mamiaith y ddwy, hynny yw Celteg gorllewin yr ynysoedd o leiaf. Mae un ffynhonnell yn tybio ei fod yn perthyn i'r gair Saesneg *'slay'*, ond mae hyn yn ansicr iawn. Golyga hyn na allwn durio i'w ystyr mewn ieithoedd eraill er mwyn cael rhyw grap ar yr ystyr wreiddiol. Yr ail beth yw mai hwn yw un o'r geiriau Cymraeg hynaf sydd ar glawr. Mae ffurf ohono'n digwydd fel *ledig* mewn llawysgrif o'r nawfed ganrif yn glosio'r gair Lladin *'pulsat'* sef 'trawa'. Cawn yr ystyr hyn yn gyffredin mewn Cymraeg Canol yn ogystal. Felly, yr hyn sy'n amlwg yw bod *lladd* yn golygu 'taro' yn ogystal â dod â bywyd i ben, a dyma'r ystyr a welwn yn *lladd gwair* (ei dorri). Yr *adladd* felly yw'r ail doriad, gan gofio fod *ad-* yn golygu 'unwaith eto' fel ag yn 'adnewyddu'.

Ychwanegodd yr ieithydd Steve Hewitt mai'r gair Llydaweg yn Treger, yng ngogledd-ddwyrain y wlad yw 'hadfoenn' sef *'ad-* + *foenn* (gwair)', a'r gair *foenn* yn fenthyciad o'r Ffrangeg *foin*.

Adlodd yw'r ffurf lafar yn y Gogledd, gyda'r ail *a* yn troi'n *o*, efallai oherwydd dadfathiad, sef yr awydd i beidio â chael dwy *a* yn yr un gair deusill. Gellid cymharu ag *afol* a *dafod* ym Môn, am *afal* a *dafad*. *Adle* sydd yn y De ar y cyfan, gyda *hadle* yn Sir Benfro. Collwyd yr *-dd* ar y diwedd, ond nodwyd bod hwn i'w glywed yn nwyrain Sir Gâr fel *adledd* 'y blewyn blasus sydd yn tyfu ar ôl i'r gwair gael ei gario i'r tŷ gwair. Blasus i'r gwartheg wrth gwrs' (Blaendulais). Cofnodwyd *atlath* ym Morgannwg ac *atlidd* yn Nyffryn Llwchwr, ond ni chafodd y rhain eu nodi gan neb (GTN 37).

Yng Ngwynedd nodwyd y ferf *adloddi*, 'mae'n adloddi yn sydyn 'leni'. Yng Nghwm Gwendraeth defnyddir *adledd* am wallt trwchus. Yng nghanol Ceredigion cofnodwyd *llaeth adle* am yr ymenyn a wnaed o laeth y buchod a fu'n pori'r adladd (FWI 96).

Addo/Gaddo

Ar wahan i *promisio/prymisio* yng Nghwm Tawe y ffurf hanesyddol *addo* sydd ar lafar ledled y wlad, ond gyda *gaddo* yn Arfon ac ym Môn. O ble daw'r *g-* hon felly? A pham mai dim ond gyda'r llythyren *g-* mae'n digwydd? Er mwyn deall hyn rhaid inni edrych ar ein sustem treigladau, yn yr achos hwn y ffaith bod *g* yn treiglo i ddim e.e. *gofalu* ond *i ofalu*. Meddyliwch am y brawddegau hyn:

Dw i'n mynd i adael.
Mae'n rhaid imi afael yn y drws.
Oes raid iti addo?

Yn y tair enghraifft mae'r gair yn dechrau â llafariad. Yn y ddau achos cyntaf mae hyn oherwydd i'r *g-* gael ei threiglo. Hawdd felly fyddai tybio bod y trydydd hefyd yn ffurf wedi ei threiglo, ac felly gellid tybio mai *gaddo* yw'r ffurf gysefin neu wreiddiol. Yn wir rhaid bod hyn wedi digwydd erbyn 1632 oherwydd mai'r ffurf sy'n digwydd yn *Dictionarium Duplex* John Davies yw 'gaddaw'. Gellir cymharu hyn â'r ffurf *gallt* am *allt*.

Ond pam y mae *g* yn diflannu'n gyfan gwbl mewn cyd-destunau fel hyn? Er mwyn deall hyn rhaid edrych yn ôl i'r Broto-Geltaidd. Rywbryd yn ystod y cyfnod hwn, efallai mor gynnar â'r cyfnod 'Rhufeinig' dechreuodd y seiniau *b*, *d* a *g* gael eu hynganu'n 'llacach'. Mewn geiriau technegol trodd y ffrwydrolion hyn yn ffrithiolion, hynny yw caent eu treiglo., a hynny ynghanol geiriau hefyd:

Proto-Gelteg	Cymraeg Canol a Modern	Proto-Gelteg	Lladin
b > β	b > f	*ga<u>b</u>r- > gafr	pro<u>b</u>- > profi
d > ð	d > dd	Mori-d<u>ū</u>n- > (Caer)fyrddin	me<u>d</u>icus- > meddyg
g > ɣ	g > dim	*selg- > hela	corr<u>ig</u>ia > carrai

Peidiwch â chael eich dychryn gyda'r sumbolau uchod. Mae'r un peth yn union wedi digwydd yn y Sbaeneg. Os nad ydych yn siarad yr iaith holwch siaradwyr am ynganiad y geiriau pro<u>b</u>ar, todos a pa<u>g</u>ar. Yn y bôn yn lle cael eu cynhyrchu gyda ffrwydriad bach yn y geg maen nhw'n troi'n seiniau hir. Ceisiwch brofi hyn eich hun. Petaech yn mynd yn ôl i gyfnod yr Hen Gymraeg i sgwrsio â rhywun fel y brenin Cadwallon fab Cadfan (a fu farw yn 642) fe glywech y sain /ɣ/ mewn cymalau fel heb ɣafael (heb afael) neu deu ɣof (dau of). Ond collwyd y sain o'r iaith yn y cyfnod hwn gan olygu bod *g* bellach yn treiglo'n ddim, yn diflannu. Ond mae olion y sain yn aros mewn ambell le fel ar ôl -*l*. Cymerwn y gair 'bola' (bol yn y Gogledd) a ddaw o *bolg-, neu 'dala' (dal yn y Gogledd) a ddaw o *dalg-. Olion y sain /ɣ/ yw'r llafariad -*a*. Mae hefyd yn llechu y tu ôl i'r cyferbyniad rhwng Nid af a Ni wn. Y rheswm nad ysgrifennwn **Nid wn yw mai Ni ɣwn, oedd mewn Hen Gymraeg, hynny yw yr oedd cytsain yno. Datblygiad llawer diweddarach yw Nid wn a ddaeth yn Dwn, fel ag yn Dwn i ddim.

Ond ni wyddom darddiad y gair hwn. Mae Geiriadur Prifysgol Cymru yn ei gymharu'n betrus â'r gair Cernyweg Canol dythywys.

Aeddfed

Mae dosbarthiad ynganiadau'r gair hwn braidd yn ddyrys. Y ffurf fwyaf cyffredin a nodwyd oedd aeddfed ei hun, euddfad yn y Gogledd-orllewin, ac oeddfed yn Llanddewibrefi. Ond, ryw hanner canrif yn ôl, cofnodwyd oifed ym Mhontar(d)dulais ac mae hwn ar lafar o hyd yno. Mae un astudiaeth (CELlDA 334) yn nodi oifad yn Nyffryn Aman, ond nododd llawer y byddai hwnnw'n siŵr o beri drysu â'r ffurf leol am nofio, sef oifad. Ym Môn nodwyd addfad ac uddfad, a hefyd gwyddys am addfed yng ngogledd

Ceredigion (GPC). Yn wir *addfad* yw'r unig ffurf a gofnodwyd yn ardal Bangor yn 1913 (WVBD 4).

Mae'r ffurf Hen Lydaweg *admet*, sef 'addfed' yn cadarnhau mai *addfed* oedd y ffurf wreiddiol, a gellir egluro hwn fel *add+med*, sef bôn y gair 'medi' (to harvest). Efallai mai rhywbeth fel 'ar fin bod yn barod i'w fedi' oedd yr ystyr wreiddiol, a'i fod yn cyfeirio at rawn fel gwenith neu haidd. Ni wn sut i egluro'r ffurf <u>a</u>*eddfed*, sy'n dechrau â deusain, na'r ffurf ddeheuol *oiddfed* sydd â deusain arall, ond fel arfer dylanwad geiriau sydd â rhyw gysylltiad semantig (ystyr) sy'n gyfrifol.

Afal

Mae cryn dipyn i'w ddweud am y ffrwyth diddorol hwn. Sbardunwyd y trafodaethau gan yr hyn a ddywed *The Welsh Vocabulary of the Bangor District* (t. 27) a *A Glossary of the Demetian Dialect*. Dyma a ddywedai'r Bangoriaid. *Fala sirion* (crab apples) a *fala pēr* am y rhai melys. Dywedid *afol coch y bachgan* am rai cwbl goch ac *afol croen yr hwch* am 'russet'. *Afol pig y gloman* yw'r rhai â gormod yn tyfu wrth y coesyn. *Afol derw* ydi 'oak apple'. Sonnir am *coeden fala* a *dincod* (*pips*). Byddid yn *plicio fala*, a phan syrth bydd yr *afol wedi'i gleisio*. *Codi fala dŵr* ydi'r gêm hwyliog hwnnw a chwaraeir weithiau noson Calan Gaeaf. Mae 'na ddywediad hefyd: *Fedrwch chi ddim ca'l ych afol i chwara ag i fyta* (You can't have your cake and eat it).

Symudwn i'r De. Dyma a ddywedir yn *Tafodiaith Nantgarw* (t. 95). *Fala rwti* ydi'r '*russets*', *fala rwndi* yw'r rhai mawr a ystyrid yn 'fala twmplins'. Un da i'w gadw yw *crichyn y gaea*. *Bola 'ollt* (*bol hollt* i'r Gogs) ydi '*Cox's pippins*', a *crincyn coch* yw'r rhai bach melys iawn. *Fala gwinllys* yw'r afalau bwyta oedd yn aeddfedu'n streipiau coch. *Co's* (coes) *y dryw* – afal lled debyg i beren yn ei ffurf. Gwaetha'r modd mae'r dafodiaith honno o gyrion Caerdydd wedi hen ddarfod o'r tir, a dieithr oedd y termau hyn.

Dyma a nodwyd yn *Tafodiaith Rhan Isaf Dyffryn Llwchwr* (1958): *Afal digoni* (*cooking apples*) *fale bita*, *afal tato*, *afal freuant* (*Adam's apple*), *crobotsyn / crobots* (*crab apples*).

Mae *afalau trwyn yr hwch* am '*russet brown*' yn hysbys yng Ngheredigion, ond mae'n amlwg bod llawer iawn o'r termau uchod bellach wedi mynd ar ddifancoll.

Ym Môn a'r cyffiniau mae'r ynganiad *afol* yn arferol, er ei fod yn edwino erbyn hyn. Yn rhyfedd ddigon nodwyd yr ynganiad hwn ym Mhenfro. Ym Môn mae'r cyfuniad *a-a* yn troi yn *a-o*, fel ag yn *dafod*.

Beth yw *'apple core'*? Wel dyna gwestiwn. Yn eang iawn yn y De dywedir *calon afal* ond nodwyd hwn ym Môn ac yn Nwyfor hefyd. Bydd pobol Cwm Tawe yn taflu *bonyn afal* i'r bin. Yn Nwyfor mae *bol afal* yn hysbys, ond mae *coryn (core) afal* hefyd yn wybyddus ymysg y Gogs, fel ag y mae *stwmpyn afal*. Ond mae *stwmp(yn)* hefyd ar lafar yn y De. Dim ond un a nododd *cnwllyn (cnewyllyn)* yn y Gogledd, a hwnnw'n air cyffredin ganrif yn ôl. Nododd un o Fethesda y byddant yn dweud *sbâr afol*, a'i fod wedi clywed *sbrafal* am berson diwerth.

Cyn oes yr afalau gaeaf o dramor, byddai llawer yn cadw afalau'r hydref mewn lle tywyll, fel mewn cwpwrdd neu dan y gwely. Ar ôl tipyn byddent yn dechrau sychu ac mae sawl gair am hyn. *Wizened* yw'r ffurf yn Saesneg. Meddyliwch am *'a wizened old man'*. Mae'n debyg bod hwn wedi'i fenthyca i'r Gymraeg o'r Saesneg, ond mae toreth o amrywiadau gwahanol ledled y Gogledd fel *gwsno, gwysno, gwysnio* a *cwsn(i)o*. Mae *afal wedi crino* yn gyfarwydd yma ac acw o Fôn i'r Rhondda, *wedi crychu* o Benfro i Sir Drefaldwyn. Mae *wedi crebachu/crybychu/crybachu* yn amrywio dros y Gogledd oll. *Wedi crimpo* a gafwyd yn Llandysul ac *wedi mwchno* ym Mhontarddulais. Mae *afal cwsg* yn gyffredin ledled y wlad.

Wyddon ni ddim o ble daw'r gair *crebach*, ond mae'n amlwg ei fod yn perthyn i'r Gernyweg *crebogh* 'crych, crin' a'r Wyddeleg *'crapach'*. Mae *crych* yn air Celteg da ac mae'n perthyn i'r Lladin *'crispus'*, y gair a roddodd *'crisps'* inni. Daw'r ddau o'r Broto-Indo-Ewropeg *$kripso$-*. Mae'n siŵr eich bod yn gyfarwydd â'r ffilm 'Spartacus'. Un o gyd-arweinwyr y gwrthryfel aflwyddiannus oedd gladiator Galaidd o'r enw *Crixus*, hynny yw *Crych*. Efallai mai llysenw oedd, oherwydd bod ganddo wallt... crych.

Beth fyddwch chi'n ei gymryd wrth frathu afal? Wel, gair y De ydi *hansh*, gydag *ansh* tua'r Cymoedd lle collwyd yr *h-*. Mae *hanshed* yn digwydd hefyd, a nodwyd bod llawer o blant yn dweud *nansh*. Yn y Gogledd mae amrywio mawr rhwng *pishyn, tamaid, beit* a *brathiad*. Ceir *cegiad* yma ac acw tua'r Dwyrain. Yn Arfon mae *sgrag* yn gyffredin, ond nododd ambell un mai gair am damaid o gig sâl oedd hwn. Gellir *sgragio* hefyd.

Afal breuant yw *'Adam's Apple'*, ac mae'n debyg bod hwn yn tarddu o *breuan* 'hand-mill', sef 'melin' fach o garreg i falu grawn. Mae'n perthyn i *'quern'* yn Saesneg. Cyfeirio at yr afal (ffrwyth amhenodol yn y Beibl) a roddodd Efa i'w chymar a wneir yma. *Trowsus dwgyd/dwyn fale* yw *'plus fours'* neu drowsus llac.

Pan oeddwn yn byw yn Llydaw y gair arferol yn Leon am ddraenog oedd *'avalouer'*, sef *afalwr* yn y bôn, a methwn ddeall. Ar ôl holi dipyn cefais ar ddeall bod ei enw yn dod o declyn a ddefnyddir i godi afalau o'r llawr. Roedd ganddo goes hir a phêl o bren ar ei ben yn llawn hoelion. Yn ôl y brodorion dyma sut cafodd y draenog ei enw Llydaweg.

Mae union darddiad a hanes yr hen ffurf yn ansicr, ond mae'n amlwg ei fod yn gytras â'r Saesneg *'apple'*.

Ailddenghongli Enwau Lleoedd Cymraeg

Pan fôm yn dod ar draws enw lle mewn iaith nad ydyn ni yn gyfarwydd â hi mae'n ddigon naturiol inni ei ailddehongli, a cheisio'i wneud yn fwy dealladwy. Weithiau dim ond rhan o'r enw a gaiff ei newid. Dyma un o broblemau pennaf y toponomegydd, rhywun sy'n astudio enwau lleoedd. Gall enw lle edrych yn ddigon hawdd ei ddeall ond ar ôl tyrchu am y ffurfiau cynharaf gwelwn fod pobol wedi'i addasu. Gall hyn ddigwydd o fewn un iaith, er enghraifft ymddengys mai ffurf gynharaf Cwm-rhyd-y-ceirw oedd Cwm-rhyd-y-cwrw. Mae'n debyg bod 'cwrw' yma'n cyfeirio at natur ewynnog y rhyd. Ond barnwyd yn ddiweddarach bod 'ceirw' yn barchusach o enw, efallai dan ddylanwad Anghydffurfiaeth. 'Disodli tabŵ' yw'r term hwn am barchuso enwau, ond digwydd newidiadau mwy diniwed hefyd. Mae'n debyg bod y newid o 'Caer-dyf' (hen ffurf enidol ar enw Afon Taf) i 'Caerdydd' yn enghraifft o hyn. Yn bur aml mae rhyw debygrwydd digon arwynebol yn hen ddigon i beri disodli elfen ddieithr. Yr hyn sydd dan sylw isod yw sut mae Saeson yn ailddehongli enwau lleoedd Cymraeg. Fel y gwelwch bydd hyn weithiau yn tarddu o'r ffurf ysgrifenedig neu weithiau o'r ffurf lafar. Mae hyn yn rhywbeth y mae'r rhan fwyaf ohonom wedi ei wneud mewn gwlad ddieithr. Mae lle i chwerthin, lle i ddigio a lle i gydymdeimlo hefyd. Nid oes wybod faint o'r rhain sydd wedi ennill eu plwy ymysg Saeson, na pha rai sy'n fwy hwyliog eu naws.

Abaty Cwm Hir –	Abbey Come Here!	Alter Een –	Allt yr Ynn
		Amlutsh –	Amlwch
Abba Darren –	Aberdaron	Benluck / Benny –	Benllech
Abba sock –	Abersoch	Beris –	Llanberis
Abba Wristwatch –	Aberystwyth	Betsy (coyd) –	Betws-y-coed
Abbajeel –	Abergele	Boney mine –	Bonymaen
Abbercigar –	Abercegir	Bouncy feelin –	Bancyfelin
Abudabi –	Aber Dyfi	Bow da dúrn –	Bodedern
Acre Fair –	Acre Fair	Brin Seely Doo –	Bryn Celli Ddu

Bryn Legless	– Bryneglwys	Feeling Fowl	– Felin Foel
Budjelert	– Beddgelert	Feeling Hen	– Felin Hen
C batch	– Cei-bach	Fronty Silty	– Froncysyllte
CA Ten	– Caio (CA 10)	Frosty Arsehole	– Ffostrasol
Cape of Scotland	– Cae Pysgodlyn	Fun-own-knee	– Ffynnone
Cefn Bryn Brain	– Kevin and Brian	High Frydle	– Hyfrydle
Cefn coed why come 'ere	– Cefn Coed y Cymer	Jellied Egg	– Gelli Deg
		Jelly Ludden	– Gelli Lydan
Cei Bach	– Say Back	Jelly Wasted	– Gelli Wastad
Cerudingdong	– Ceredigion	Jerry Castle	– Ger y Castell
Chillywog	– Chwilog	Kimmy Glow	– Cwm-y-glo
Clan cléckid	– Llanllechid	Land of fried dog	– Llandyfrydog
Clan did you know	– Llandudno	Land of frogs	– Llandyfriog
Clan géth knee	– Llangefni	Land of Hell	– Llandderfel
Clanny Lár	– Llanilar	Landofthehorny-fairies	– Llanfairynghornwy
Clean my neck	– Llanymynech		
Clit-fun	– Llithfaen	Lan-y-by there	– Lanybydder
Come Some Luck	– Cwm-symlog	Laughing Angel	– Llanfihangel
Come Tidy	– Cwmtydu	Lizzie Ffran	– Llys y Fran
Coom Banana	– Cwmpenanner	Llanllwni	– Land of the Loonies
Crick Keith	– Cricieth		
Crimewatch	– Crymych	Machine lathe	– Machynlleth
Curried Dragon	– Cerrig-y-drudion	Man in the garage	– Mynydd-y-garreg
		Messy Lane	– Maes-y-llan
Denis Dinel / Diner's Dinkle	– Dinas Dinlle	Mine Ayto	– Mynytho
		Mine Chocolate Log	– Maenclochog
Dirtyfilthy	– Dwygyfychi	Minor chocca a logga doo	– Mynachlog Ddu
Dolly Jeloo	– Dolgellau		
Dollymock	– Dôl-y-moch	Minto	– Mynytho
Doogie doogie	– Dwygyfylchi	Mól free	– Moelfre
Dwciffwci	– Dwygyfylchi	Molly Bog	– Moel Hebog
Dwdldums	– Dolwyddelan	Muck an fluff	– Machynlleth
Dye Life	– Dylife	My dream	– Meidrim
Eglwyswrw	– Egg and two zulus	Mynah clock a doo doo	– Maenclochog
Fair F*ck	– Ffair Fach	Nicked	– Cnicht
Fanny Big	– Fan y Bîg	One eyelid	– Waunarlwydd
Feelin sick	– Felin Sych	Oogyloogoo	– Eglwyswrw

Pant pyrtwog	–	Pant Perthog	Simmer	–	Cymer
Pen Turk	–	Pentyrch	Sinsid	–	Cyncoed
Penis on the wane–	Penisarwaun	Slydash	–	Clydach
Penny Care	–	Pen-y-cae	Snoosy	–	Cnwce,
Penny Chain	–	Penychain	Strangulous	–	Ystradgynlais
Penny Gross	–	Penygroes	Thai Cock	–	Tŷ Coch
Pintrey floweryass	–	Pentrefoelas	The Rivals	–	Yr Eifl
Pistol Rider	–	Pistyll Rhaeadr	Thlanygollywog	–	Llangwyllog
Ponta-doo-lay	–	Pontard(d)ulais	Tilly Welly	–	Tudweiliog
Poo Helly	–	Pwllheli	Tony Ravel	–	Ton-yr-efail
Ribedee clapadi	–	Rhyd-y-clafdy	Tony Refill	–	Tonyrefail
Roody-doo	–	Rhyd Ddu	Tra-letch	–	Trelech
Rosslyn	–	Rhoslan	Tree Adder Bay	–	Trearddur
Ruddy Deaf Aid	–	Rhyd y Defaid Drive	Tre'r Ddol	–	Terrier Doll
			Tri Fán	–	Tryfan
Ruddy Penny	–	Rhyd-y-pennau	Unice Mon	–	Ynys Môn
See me arse Bay	–	Cemaes Bay	Whiny's DooDoo	–	Ynys Ddu
Seipl bainjo	–	Capel Bangor	Whore lick	–	Harlech
Seredingdong	–	Ceredigion	Why Garn	–	Y Garn
Seven ee Bed	–	Cefn-y-bedd	Wystrud Mynuch	–	Ystrad Mynach
Seven Eighteen	–	Cefneithin			
Silly Airon	–	Ciliau Aeron	Ystradfellte	–	Easter Fell Tree
Silly Bebell	–	Cil-y-bebyll	Ystradgynlais	–	I Strangled Alice
Silly Sum	–	Cilycwm			

Adroddodd Dafydd Morris y stori hon 'Stryd o dai ym mhen uchaf Cei Connah, Sir Fflint: codwyd y tai yn yr 1960, a hynny ar safle hen fferm Llyweni. Rhoddwyd enwau ar strydoedd i goffáu'r hen fferm, ac, am Cae Llys, rhoddwyd 'Cae Llys Close'. Ond pobl ddi-Gymraeg, a rhai o tu allan i'r ardal, oedd y trigolion newydd. Gwyddent am enw merch – yn enwedig yn y degawdau pan oedd Ms K. Minogue o Awstralia mor enwog – a bellach ar lafar, gan lawer, "Kylie's Close" yw o.'

Are we nearly there yet?
Mae'n debyg bod y rhan fwyaf ohonom yn hen gyfarwydd â chlywed yr ymadrodd blinderus hwn yn ystod teithiau hirion. Diben y cwestiwn oedd ymchwilio i faint o ddulliau llafar naturiol oedd i ddweud hyn, a gweld cymaint o amrywio sydd yn yr iaith. Mae sawl modd y mae'n

gwahaniaethu, o ran *'nearly'*, *'yet'* y ffurf ofynnol a'r treiglo. Dyma'r atebion a ddaeth i law. Wna i ddim rhoi sylwadau ond meddyliwch chi sut byddech chi'n cyfleu hyn. Af o'r Gogledd i'r De, am y rheswm syml fy mod yn fwy cyfarwydd â synio am Gymry fel hyn. Mae mwy o debygrwydd imi wneud llanast daearyddol o geisio gwneud fel arall.

Yda ni bron iawn yna?	Amlwch
Da ni yna eto?	Llangefni, Amlwch, Llangefni
Da ni di cyrraedd eto?	Porthaethwy
Da ni jest a cyrraedd?	Llanberis
Pryd fyddwn ni yno?	Llanfaglan
Da ni bron yna?	Dyffryn Nantlle, Y Felinheli
Dan ni jest yna?	Trefor
'Da ni bron a cyra'dd?	Llŷn
Ydan ni bron yna!	Pen Llŷn
Da ni yna bellach?	Tudweiliog
Faint sy fynd tan da ni yna?	Blaenau Ffestiniog
Da ni jesd yna?	Dolwyddelan
Ydan ni yno bellach ?	Llanrwst
Ydan ni di cyrredd?	Eglwysbach
'Dan ni bron â cyrredd?	Pantpastynog, Sir Ddinbych
Da ni yne eto?	Prestatyn
Den ni bron yna?	Glynceiriog
Yda ni bron yna?	Meirionnydd
Odyn ni biti fod 'na?	Llandudoch
Ni bron 'na?	Ceredigion
Ydy ni 'na to?	Llambed
Ni bron 'na 'to?	Cribyn, Llanbed
Odi ni byti fod na to?	Pencarreg
Odi ni na to?	Wdig, Sir Benfro, Cwm Gwendraeth
Odi ni fiti fod na to?	Llanboidy
I ni bron 'na 'to?	Dyffryn Tywi
Odyn ni biti fod na to?	Caerfyrddin
Odi ni ny to?	Llanelli
Odyn ni jyst bod 'ny?	Llanelli
I ni 'na 'to?	Rhydaman
Odini jest a cyrradd ny?	Rhydaman
Odini bwyti fod ny?	Rhydaman

Od i ni bron a cyrradd?	Rhydaman
Odyn ni bron ny eto?	Brynaman
I ni 'na 'to?	Pontarddulais
Odi ni na to?	Blaendulais
Ni 'na 'to?	Gors-las
Odin ni 'na' 'to?	Maesteg

Athro, titsiar

Mae'n ymddangos bod tipyn o newid wedi bod yn y 60au. Noda llawer iawn mai *titsiar* a ddywedent pan oeddynt yn iau, ond erbyn hyn mai *athro/athrawes* sy'n arferol, a'r gair *titsiar* wedi hen ddarfod o'r tir. Dyma newid ieithyddol ar waith yn y presennol, oherwydd dylanwad addysg Gymraeg mae'n debyg. Cofiaf innau'r gair *titsiar* yn Llanfairpwll yn y 70au ond byddai'r mwyaf addysgedig yn gwgu ar ei ddefnydd. Cofiaf hefyd fod titsio yn gyffredin, fel ag yr oedd ym Mrynaman. Erbyn hyn *dysgu* sy'n arferol, ond efallai bod hyn wedi tlodi ein hiaith oherwydd roedd *titsio* yn cyfeirio'n benodol at ddysgu mewn ysgol. Cofiwch mai un gair yn unig sydd yn y Gymraeg am *'learn'* a *'teach'*, ac er mwyn ymgodymu â'r amwysedd hwn (na fu'n broblem am fil a hanner o flynyddoedd) ein bod bellach wedi datblygu'r gair addysgu am yr ail.

Mae *athraw* yn gyffredin hyd heddiw yn nhafodiaith draddodiadol y Wladfa, sef ffurf ddysgedig ar *athro*, ond ni chaiff ei ddysgu yn yr ysgolion.

Tan y 60au roedd *sgwl(yn)* yn arferol yn y Gogledd-orllewin a Phenfro am brifathro. Anodd gwybod beth oedd y defnydd mewn mannau eraill. Yn Llanllwni cawsom y ffurf fenywaidd ganlynol: Cofio mynd i wylio priodas athrawes a rhywun yn y dorf yn esbonio wrth ei ffrind pwy oedd y gwahoddedigion wrth iddyn nhw gyrraedd: "A nhw yw'r tair titsheres sy'n gweitho 'da hi".

Un o'r geiriau lu a ddaeth atom o'r Lladin yw *dysgu*, o'r bôn *'disc-'*, sydd i'w weld mewn geiriau Saesneg fel *'disciple'* a *'discipline'*. Bu ymwneud hir, o ryw bum can mlynedd a rhagor, rhwng Celteg yr ardal â Lladin llafar, ac yn y cyfnod hwn roedd dwyieithrwydd yn gyffredin mewn llawer o gyd-destunau – yn enwedig ymysg y bonedd, milwyr, masnachwyr a'r rhai oedd yn byw mewn trefi fel Caerllion (Caerleon), Caer (Chester), Efrog (York) a Caergeri (Cirencester). Ymledodd yr iaith Ladin (*lingua Latina*) i raddau helaeth oherwydd y trefedigaethau, y *colonia* (e.e. Lincoln < Lindum Colonia a Colchester), y fyddin (a oedd yn llawn milwyr o bob cwr o'r Ymerodraeth yn y canrifoedd cynnar, a hefyd y ffyrdd wrth gwrs a oedd yn hwyluso symud a chyfathrebu. Lladin a ddatblygodd fel *lingua franca* gorllewin yr ymerodraeth, gyda Groeg yn y dwyrain.[1]

Mae ansicrwydd ynghylch tarddiad y gair Lladin **disc-*. Ond mae llawer i'w ddweud am darddiad '*teach*' a '*titsio*'. Daw'r gair Saesneg o'r gwreiddyn Proto-Indo-Ewropeg **deik-* 'dangos'. Cofiwch fod *d* yn yr iaith honno wedi datblygu'n *t*, a dyna pam y mae *deg* yn cyfateb i '*ten*'. Mae'r gwreiddyn i'w weld mewn llu o eiriau a ddaw o'r Lladin fel '*abdicate*', '*benediction*', '*dictionary*', '*digit*', '*index*', '*judicial*' a '*predicament*'. Mae llawer rhagor. Daeth '*benedict-*' i'r Gymraeg fel *bendith*. Felly mae *titsiar* (o'r Saesneg) a *bendith* (o'r Lladin) yn gytras!

Beth am *athro*? Amrywiad rheolaidd yw hwn ar y gair Cymraeg Canol *alltraw* 'tad bedydd'. Efallai bod rhai ohonoch yn gyfarwydd â'r gair cytras Llydaweg '*aotrou*' sef 'syr'. Dichon bod rhyw swyddogaeth addysgol i'r tad bedydd rywbryd yn ein hanes.

Bacon rind

Tair ffurf sydd yn gyffredin, sef *crawen/crofen* a *tonnen*.

Yn y Gogledd-orllewin y gair arferol yw *crawan* (crawen) ond ynganiad y De yw *crofen*. Er mor wahanol yw'r ddau yn arwynebol, yr un yw eu tarddiad, sef o *crawen*. Yn ffurf y De gwelwn yr *w* yn troi'n *f*. Mae'r broses hon yn ddigon cyffredin gan fod y ddwy sain yn cael eu cynhyrchu yn yr un man yn y geg. Yn y Gogledd-orllewin mae *e* mewn sillaf olaf ddiacen yn troi'n *a*.

Yn ardaloedd y chwareli fe'i harferir hefyd am 'ddarn o lechen sâl a daflwyd o'r neilltu'. Gynt anfonid crawen neu grewyn o gwmpas chwarel a rhybudd yn ysgrifenedig arni i'r chwarelwyr i fynd ar streic ar ddydd penodol (GPC).

Gair gweddill y Gogledd, o Sir y Fflint i Feirionnydd, yw *tonnen*. Ffurf fachigol ar y gair *ton* yw hon, nid y don a welir ar y môr ond y *ton* sy'n golygu 'tir heb ei aredig, croen'. Mae hwn i'w weld mewn enwau lleoedd fel Tonypandy a Tonyrefail. *Didonni* yn y Gogledd yw tynnu'r croen oddi ar facwn. Mae *tonnen* hefyd yn gyffredin yn y Gogledd am haenen o bridd glaswelltog dros ddŵr – y math o gaenen denau y gellir disgyn trwyddi hyd at y bogail wrth gychwyn ar daith i fyny'r Wyddfa o Lyn Gwynant – ac wedyn byddwch yn wlyb at y croen trwy'r dydd.

---

[1] Am drafodaethau gwych gweler: OSTLER, N. 2007. *Ad Infinitum. A Biography of Latin and the World it Created*, Harper Press.

Mae *croen* yn hysbys yma ac acw hefyd. Mae manylion union darddiad y gair yn ddyrys, ond mae'n amlwg ei fod yn cyfateb i *'croin'* mewn Hen Gernyweg, 'kroc'hen' yn y Llydaweg a *'crocenn'* mewn Hen Wyddeleg. Nid yw tarddiad y gair *crawen* yn gwbl eglur, ond mae *ton* yn tarddu o air Proto-Indo-Ewropeg sy'n golygu 'torri'. Mae'n gytras â'r gair Lladin *tondeō* 'eilliaf' (siafio), ac felly y gair Ffrangeg *tondre* 'torri gwair'.

Bach 'i fam (GDD 27)

Mae rhywfaint o amrywio ar ymadroddion am blentyn sy'n cael ei ystyried yn rhy agos at ei fam. *Babi mam* sy'n arferol yn y Gogledd, ond *bapa mam* yn y De. Yn Sir Gâr clywir *babi clwt* a *sbwylyn mami*, a *bach 'i fam* yn Sir Gaerfyrddin.

Balu

Dyma ferf brin. Mae GPC yn nodi bod y canlynol ar lafar yng nghanolbarth Ceredigion: 'Mae e'n 'itha bal ar brydie. Yn Dre-fach Felindre nodwyd 'rwy wedi balo'n lân', sef wedi blino a drysu, ac ym Mhontarddulais cafwyd 'fi jyst a bylu'. Mae tarddiad y bôn, *bâl*, yn anhysbys.

Bathiadau

Mae llawer iawn o eiriau modern yn fathiadau o tua 1800, y cyfnod pan oedd y wasg Gymreig yn datblygu ac Anghydffurfiaeth yn mynnu geirfa dechnegol newydd. Enghreifftiau o'r rhain yw *diddorol*, *geiriadur*, *cyngerdd*, *darganfyddiad*, *cyfrifoldeb* a *pwyllgor* – geiriau sydd bellach yn rhan o'n hiaith feunyddiol

Boncyff, Bonyn

Holwyd beth oedd *'tree stump'* yn y Gymraeg, gyda llun addas o waelod coeden wedi ei thorri. Daeth tri gair i'r amlwg sef *boncyff*, *bonyn* a *stwmp(yn/en)*. Yn hanesyddol *bonyn* yw'r gair cywir, ond bu i lawer nodi *boncyff* yma. Y *boncyff* yw'r *'trunk'* sef rhan o goeden fyw, neu damaid o bren toredig, er enghraifft i'w roi ar y tân. Mae'n ymddangos felly bod *boncyff* yn dechrau disodli *bonyn*. Cafwyd *stwmp(yn)* yma ac acw yn y Gogledd a *stwmpen* yng Ngheredigion. Nodwyd *stoncyn* yn Sir Gâr a hefyd yng Nglyndyfrdwy. Cofnodwyd yr amrywiad *boncith* ym Maldwyn, ond ni nododd neb bod hwn ar lafar o hyd.

Ond beth ydi tarddiad y geiriau hyn? Mae'r ffaith bod gair cytras yn yr Wyddeleg, sef *'bun'*, a bod enwau lleoedd yng Ngâl yn ei gynnwys yn dangos ei fod yn perthyn i'r Broto-Gelteg, ond tu hwnt i hynny ni wyddom ddim. Mae'n bur debyg mai dyma sydd wrth wraidd enw'r dref Almaenig 'Bonn', a hefyd 'Vienna', ill dau mewn ardaloedd a siaradai Gelteg ddwy fil o flynyddoedd yn ôl. Ffurf gynharaf Vienna yw *Vindobona*. Trodd *Vindo-* (Sef **windo-*) yn 'gwyn' felly mewn Cymraeg modern 'Gwynfon' fyddai Vienna. Nid ydym yn sicr beth oedd ystyr **bon-* yn y fath gyd-destun, rhywbeth fel 'annedd' efallai.

O ran y gair Saesneg '*log*' nodwyd bod *log(yn)* yn gyffredin yn y Gogledd, gyda rhai yn dweud *coedyn*. Yn y De *blocyn, plocin* weithiau, sy'n arferol. Yn Sir Gâr nodwyd 'Plocyn fyddai un bach ond stoncyn fyddai un mawr i'w roi tu ôl y tân i farw gynnu gan gadw'r tân i fynd. Cofio stoncs yn cadw'r tân hyd at tua pythefnos pan yn blentyn. Tân llawr agored oedd.'

Bratiaith? (Cymraeg Cerrig Calch, Iaith Shiprys)

Term goddrychol iawn yw hwn, a mater o safbwynt yw. Hawdd iawn yw teimlo'n ddig neu'n annifyr am newid iaith. Mae newid yn anesmwytho llawer, ond dyna un o'r ychydig bethau (heblaw am drethi a marwolaeth) y gallwn fod yn sicr ohono. Gallwn gofio Cymraeg coeth a chyfoethog yr hen do, a galaru neu anobeithio wrth iaith y to ifanc. Ond cofiwch y byddai William Morgan wedi dychryn wrth glywed Cymraeg Kate Roberts neu T.H. Parry-Williams, yn llawn o eiriau Saesneg ac wedi colli pethau fel y gorberffaith a'r treigladau wedi newid. I Lywelyn ap Gruffydd buasai iaith y Beibl yn ddieithr iawn, a buasai Hywel Dda wedi sylwi mor wahanol oedd iaith Llys Aberffraw. Prin y byddai Hywel Dda a'r bardd Aneirin wedi deall ei gilydd heb anawsterau sylweddol o ran newidiadau yn yr ynganiad ac ati. Felly rydw i wedi pwysleisio nad beirniadaeth sydd yma, ond da dangos yr hyn y mae hen bobol fel fi yn ei gael yn rhyfedd ar brydiau. P'run bynnag mae lle i nodi agweddau pobl er mwyn cofnodi syniadau a theimladau. Nodaf y sylwadau ar ffurf pwyntiau isod:

- Rhywbeth a glywais ger Porthmadog ddwy flynedd yn ôl oedd 'I fyny'r path ar y lefft'. Nid oes diben codi gwrychyn neb, felly atebais gyda 'diolch, a' i fyny'r llwybyr ar y chwith'.
- Nid fy mwriad ydy tynnu blewyn na chodi cwenc ond a ydy geiriau fel y canlynol sydd i'w clywed ar Radio Cymru ac sy'n fy nghythruddo yn cyfri yntau difaterwch a diogi ar ran y cyflwynwyr ydyn nhw? Rydw i'n deall bod lle i fratiaith megis mewn nofelau ar gyfer y to iau a bod iaith o'r fath yn cael ei dadansoddi fel rhan o gyrsiau TGAU ayyb rîli, lyfio,

ôsym, grêt, gôjys, ffabiwlys, biwtiffwl, un arall!
- Dw i'n disgwyl i gyflwynwyr radio a theledu fod â gafael dda ar Gymraeg clir, dealladwy. (Ddim Cymraeg ffurfiol fel gewch chi o stabal Newyddion y BBC!).
- Mi oedd yna ferch yn cyflwyno ar Radio Cymru rai misoedd yn ôl (efo acen ogleddol gref, wn i ddim os oedd hi'n cyflwyno o Lundain?). Ond roedd hi'n defnyddio cymaint o eiriau Saesneg di-angen, bu'n rhaid i fi ddiffodd y radio. Buaswn i'n derbyn yr iaith yna mewn cyd-destun cymdeithasol, anffurfiol neu ar bost ar Facebook ond ddim ar radio genedlaethol. Os oes yna eiriau Cymraeg, dealladwy sy'n ran o'n hiaith lafar, dyddiol – yna dyle'r cyflwynwyr yma eu harddel a'u defnyddio. Wedi'r cwbl, maen nhw'n cael eu talu i fod yn gyflwynwyr! A byddai cyflwynydd o safon yn gallu gwneud hyn heb unrhyw broblem!
- Yn ystod un o'r cyfnodau clo dwedodd rhywun ar Radio Cymru 'rhaid stopo'r feirws spredo.'
- Cofio mynd â'r meibion adre i Sir Gaerfyrddin a chymdoges mam yn gwneud sylw am fratiaith y bechgyn! Sylw'r bechgyn oedd fod pawb yn defnyddio tipyn o eiriau Saesneg ymysg eu Cymraeg.
- Dwi di deud hyd syrffed a dal i ddeud bydda i – mae colli idioma'n beryclach o dipyn na benthyg geiria – dwi'n deud 'iwsio', er enghraifft, yn gwbwl ddiedifar. Fasa'n well gin i glwad rhywun yn deud 'switsia'r telefisiwn ymlaen' na 'rho'r teledu ar'.
- Dw i'n dal i chwerthin am ddigwyddiad mewn hystyngs yn Aberystwyth pan ddwedodd yr ymgeisydd Llafur (boi o Gaernarfon): 'Dw i'n completely support-io'r idea o addysg Cymraeg'.
- Yn fy marn i, dylem ni ymfalchïo yn y ffaith fod siaradwyr 'ifainc' yn parhau i ddefnyddio'r iaith, ac ni ddylid eu cywiro oni bai ein bod ni'n gwbl sicr na fydd hynny'n tanseilio eu hyder. Darlith drosodd! Ar ôl dweud hynny, yng Ngheredigion, mae llawer iawn o eiriau bach Saesneg wedi ymsefydlu yn y Gymraeg oherwydd, yn y bôn, maen nhw'n swnio fel geiriau Cymraeg. Meddwl ydw i am eiriau fel *stil*, *bac*, *gwd*, a.y.b.
- Dwi'n lyvio hwn. (Ych a fi!)
- Dych chi ddim yn atal/stopid(!) eich ffrindiau rhag siarad a chi oherwydd eu bod nhw'n ychwanegu ambell air yn Saesneg. W i'n arfer/(iwsd i) clywed "W i jyst wedi mynd i'r chemist i gael yn nablets". Dyn ni ddim eisiau stopid(!) llif o sgwrs achos bod rhywun ddim yn gallu ffeindio (!) y gair yn y Gymraeg. Ond w i ddim yn ffan o glywed

pobl bosh ar y teledu yn defnyddio'r Saesneg fel pwyslais – fel bod y gair yn Saesneg yn well na'r un yn y Gymraeg. 'Dim ond deud!'

Mae iaith yn newid, ac mae hyn yn anochel. Canlyniad newid iaith yw barddoniaeth Gerallt Lloyd Owen neu emynau Pantycelyn. Anodd iawn yw rhwystro'r llif anochel hwn, gan mai dyna yw pob iaith fyw – llif o newidiadau. Nid oes gennym gorff megis yr *Academie Française* i geisio sefyll yn gadarn yn erbyn y tonnau yn haearnaidd, a hyd yn oed petai gennym, go brin y byddai'n atal datblygiadau yn Sgubor Goch neu Glwb Rygbi Crymych. A dyma yw argyfwng rhai cyfryngau fel y Teledu a'r Radio. Sut mae cydbwyso rhwng boddio gwrandawyr traddodiadol a denu siaradwyr ifainc?

Brathu, cnoi

Dyma sefyllfa all beri cryn benbleth i'r Gogs. Yno ystyr *cnoi* yw '*to chew*' a dim arall, felly pan ddywed Hwntw bod ci wedi ei gnoi bydd yr haeriad yn drysu llawer ohonom. Mae gwahaniaeth sylweddol rhwng *cnoi* '*to chew*' a *brathu* '*to bite*'. Fel petai Sais yn dweud '*that Rottweiler chewed me, and I had to go to the hospital*'.

Pam y mae sefyllfa fel hyn? Y drafferth gyda cheisio deall y ddau air hyn yw nad oes geiriau cytras i'w cael nac yn y Llydaweg na'r Gernyweg felly mae'n anodd gwybod beth yn union oedd eu hystyron cynharach, dyweder ym Mrythoneg cyfnod Aneirin a Thaliesin. Pa beth y gall ieithegydd ei wneud yn y sefyllfa hon? Un ateb yw edrych ar y ffurfiau cynharaf sydd gennym a gweld a yw'r rheiny'n taflu rhyw oleuni ar y mater. Felly edrychwn ar yr hyn sydd gan *Geiriadur Prifysgol Cymru* i'w gynnig. Dechreuwn â *brathu*. Wna i ddim nodi'r manylion oll gan fod y rhain i'w cael ar wefan fendigedig y *Geiriadur*. Ond o'r drydedd ganrif ar ddeg mae gennym y frawddeg ganlynol o Lyfr Colan:

O deruyd bot dyn en kyndeyryauc a brathu ohonau dyn arall a'y danhed. (Os digwydd bod dyn yn gynddeiriog ac yn brathu dyn arall â'i ddannedd)

Sylwer bod yma ddyn cynddeiriog yn brathu dyn arall 'â'i ddannedd'. Y mae'n amlwg felly fod modd brathu gyda rhywbeth arall. Hefyd o'r un ganrif mae gennym:

'A'r brenhin ... a vrathws a saeth Hu yarll Amwythig yn y lygat.'

Neu mewn Cymraeg modern 'A'r brenin a frathodd â saeth Hu, iarll Amwythig, yn ei lygad'. A dyma'r ateb inni. Mae'n amlwg mai'r ystyr yn yr Oesoedd Canol oedd *pigo* neu *trywanu*. Mae'n debyg felly mai diweddarach oedd cyfyngu'r ystyr yn bennaf yn y Gogledd i 'trywanu â'r dannedd' yn unig. Mae modd ymchwilio'n bellach i hyn trwy durio'n ddyfnach i hanes y gair. Mae'r ysgolhaig Celtaidd John Koch yn rhoi sylwadau pellach yn ei lyfr trawiadol *Celto-Germanica*, sydd ar-lein. Llyfr yw hwn sy'n dangos cymaint o eiriau tebyg sydd rhwng y Gelteg a'r Germaneg, gan awgrymu bod y ddwy iaith hyn wedi bod mewn cyswllt agos iawn rhyw 3,000 i 2,500 o flynyddoedd yn ôl. Yn yr astudiaeth hon mae'n nodi nifer o eiriau cytras, fel '*broddr*' (pigyn) mewn Hen Nors, '*brord*' (pwynt, blewyn o laswellt) mewn Hen Saesneg a '*brort*' (gwaywffon, ymyl) mewn Hen Uchel Almaeneg.

Mae modd hefyd inni stilio'r tafodieithoedd, sydd yn aml yn cadw hen ystyron geiriau ac, yn wir i chi, yn Llanerfyl ym Maldwyn ystyr *brathu* yw 'to pierce' (GLl, t. 112). Nododd ambell un fod y gair *brathu* yn gwbl ddieithr yn y De pellaf, ond yn astudiaeth drylwyr Ceinwen Thomas o Gymraeg Nantgarw (ger Caerdydd) nodir y canlynol 'Ma'r 'en gi 'yn yn brathu', 'Dishgwlwch fel ma'r drain wedi brathu 'ngoesa i bob tamid'.[2] Mae rhywbeth tebyg yn Arfon. Nododd Myrddin Fardd yn *Gwerin Eiriau Sir Gaernarfon* y gellir *brathu pen trwy'r drws*, hynny yw '*poke the head around a door*'.

Felly mae'n ymddangos bod y ddwy ystyr yn hysbys yn Arfon ac yn Nantgarw tan yn ddiweddar. Yr hyn sydd gennym yma yw enghraifft o 'gyfyngu' ystyr (narrowing) lle bydd un ystyr i air yn disodli'r ystyron eraill.

Beth felly am *cnoi*? Rhaid turio'n ddwfn iawn i gael tarddiad i hwn, ymhell i gyfnod Proto-Indo-Ewropeg ac yno gallwn ail-lunio'r ffurf ganlynol ar sail geiriau eraill yng nghanghennau eraill y famiaith hon, sef *$kneh_2$*– '*bite*', '*gnaw*' (EDPC 211). Digwydd mewn cerdd enwog yn Llyfr Aneirin, mewn pennill a luniwyd i ddathlu trechu'r Gwyddel (Gael) *Dyfnwal Frych* gan frenin ym mrwydr Strathcarron yn 642. Fe'i lladdwyd mewn brwydr gan Owain fab Beli, brenin teyrnas Âl-clud (Dumbarton Rock), ac er mwyn gorfoleddu am ladd y gelyn ymosodol hwn cawn y llinell:

---

[2] Mae Phyl Brake yn awgrymu gofal â'r astudiaeth hon oherwydd ei bod yn dibynnu'n helaeth ar *idiolect*, sef iaith un person (mam yr awdur). Ychwanega fod iaith llawer yn y cymoedd dwyreiniol yn y cyfnod hwn yn dibynnu ar iaith y rhieni.

a phenn dyuynwal vrych brein ae knoyn
(a phen Dyfnwal Frych, brain sy'n ei gnoi)

Mae'n debyg i'r gân hon gael ei llunio'n fuan wedi'r frwydr, ac mae'r motif cyffredin hwn yn rhoi inni syniad go dda o'r hyn y gallai *cnoi* ei olygu, efallai yn debycach i frathu oherwydd na all brain gnoi (chew).

Sut mae gwneud synnwyr o hyn oll? Petrus iawn yw'r myfyrdodau canlynol, felly mae croeso mawr ichi eu cwestiynu. Efallai bod *cnoi* yn golygu '*to chew*' a '*to bite*' yn y cyfnod cynnar. Hwyrach y datblygodd *brathu* 'pigo, trywanu' i gyfleu yn bennaf '*to bite*' yn y Gogledd (namyn y Canolbarth) ac yn ardal Nantgarw, tra bo'r ddwy ystyr yn cael eu cyfleu gan *cnoi* yn y rhan fwyaf o'r De. Ond mae gwahaniaeth semantig sylweddol, a phwysig, rhwng y ddwy weithred, a dichon mai dyma pam y mae *chewan* (tsiwan) wedi ei fenthyg o'r Saesneg mewn mannau ger Cwm Tawe.

Brawddeg Amwys

Oherwydd treiglo mae modd i ambell frawddeg Gymraeg fod yn amwys. Dyma enghraifft:

Oes 'na law ar dy lo ac ar dy foch?

Gellid cyfieithu hon mewn sawl ffordd e.e.

Is there rain on your calf and on your pigs?
Is there a hand on your coal and your cheek?

Tybed beth ddaeth i'ch meddyliau chi yn gyntaf. Dywedwch y frawddeg wrth eich ffrindiau i weld beth ddywedant.

Brawddeg hiraf

Rhoddwyd her i'r aelodau lunio brawddeg hir â phob gair yn cychwyn â'r un llythyren. Efallai mai'r her fwyaf yn y Gymraeg yw osgoi treiglo. Dyma ambell enghraifft lwyddiannus a chreadigol. Beth am geisio hyn am dipyn o hwyl gyda'r teulu neu yn y dafarn?

A
Agorodd Arthur anturus amlen anodd ac anghofiodd am agwedd annifyr

Anwen annwyl am arteithio anifeiliaid anwes. Anwen anfonodd addewid am atal arteithio amhenodol. Am anhygoel. Amen.

Anodd asesu agwedd anesboniadwy'r Americanwyr a aethant am aelod annifyr a arweiniodd America am ambell awr anghyfforddus ac anghwrtais ag awyrgylch anodd a adawodd aml amrant anhygoel anffortunus ac annoeth.

Aeth Aled Abertridwr a'i asyn, anifail anwes annifyr at arolygwr am archwiliad allanol amheus. (Ken Evans)

B
Ben bore buodd Brenda'n bwyta bara blasus bendigedig.

C
Clywyd cefnogwyr castiog crysau coch Cymru'n canu caneuon canmoliaethus Cymraeg.

Carlamodd coesau cryfion cyhyrog ceffyl cyfeillgar Carwyn cyn cael codwm cythryblus, catastroffig, cas. (Aled Ffrancis)

Cymerwyd cymeradwyaeth Cai cyn canfod camgymeriadau'r canllawiau costus! (Rhian Hughes)

D
Daliodd Dafydd Danial Davies dwrch daear dan domen dail diwrnod dyrnu'r drydedd das.

Brick(s)
Mae'r dosbarthiad yn glir, sef *bricsen* yn y Gogledd a *bricen* yn y De. *Bricsan*, wrth gwrs ydi'r ynganiad o Ddolgellau ar hyd yr arfordir i Brestatyn. Nododd un yn Arfon iddi glywed cyfeirio at y briciau cochion fel *bricsan bridd*. Roedd ambell un yn gyfarwydd â'r gair *priddfeini* Beiblaidd. Cofnodwyd *bricsan* ym Mlaenau Morgannwg.

Ond pam y mae Gogs yn rhoi -*sen* ar y diwedd? Daw hwn o'r ffurf luosog Saesneg ei gwraidd, sef *bricks*, ond erbyn hyn mae -*sen* wedi dod yn derfyniad ynddo'i hun, ac mae i'w weld mewn geiriau fel *socsan* 'gwlychu troed yn ddamweiniol mewn pwll'.

Buwch, gwartheg, da (LGW 184)

Roedd gwartheg yn ganolog i lawer iawn o gymdeithasau canoloesol yn enwedig yn Ewrop. Rhoddai'r anifail hwn gig iachus, lledr a hefyd wrth gwrs laeth. Roedd y rhain oll yn greiddiol i barhad y bobl yn enwedig dros hirlwm y gaeaf. Roedd yn bwysig i lawer gan gynnwys siaradwyr Proto-Indo-Ewropeg a gwelir hyn yn y ffaith bod y gair am *fuwch* wedi parhau mewn cymaint o is-ganghennau. Nid yw dynoliaeth yn naturiol yn medru treulio llaeth buwch yn hawdd ond oherwydd ei fod mor fanteisiol i'r boblogaeth rhoddodd i'r yfwyr hwb esblygiadol sylweddol. Digwyddodd proses debyg gyda'r bobloedd Bantu yn Affrica. Magu gwartheg a'u galluogodd i ymestyn dros ran helaeth o'r cyfandir i'r de o'r Sahara.

Os edrychwch ar yr inffograffig (ffeithlun) isod gwelwch y ffurf Broto-Indo-Ewropeg, ac amrywiad rheolaidd ar hwn oedd *g^wou-*. Hynny yw roedd yn cychwyn gyda'r sain *gw-*. Yn y Gelteg, ac yn y Lladin hefyd, trodd hwn yn *b*. Felly cafwyd y ffurf Gelteg *bow-*. Cafodd *bow* ei ymestyn yn *$bowkk$* yn y Frythoneg gan esgor ar *buwch* yn y Gymraeg, '*bugh*' yn y Gernyweg a '*bioc'h*' yn y Llydaweg. Y ffurf mewn Cymraeg Canol cynnar oedd 'buch' ond mewn geiriau unsill trodd *-uch* yn *-uwch*. Dyma pam bod gennym barau fel *uwch* ac *uchel*, a *lluwch* a *lluchio*. Ond pery olion o'r ffurf hŷn mewn geiriau fel *beudy, bugail, buarth* a'r enw personol Beuno.

Ni chafwyd yr estyniad hwn yn yr Wyddeleg. Tua'r flwyddyn 140 lluniodd Groegwr amryddawn o Alexandria fap eang o'r byd hysbys, a nododd yn Iwerddon afon o'r enw Βουουίνδα (Bouwinda), sy'n cyfateb i *bu+gwyn* yn y Gymraeg. Mae'n bosibl bod cysylltiadau mytholegol i'r enw, a'r ffurf Saesneg ar yr afon yw Boyne – *buwch wen*. '*Bó*' yw'r ffurf o hyd yn yr Wyddeleg.

Yn y Lladin y ffurf oedd *bōvis* (genidol) ac o hwnnw y daeth geiriau fel '*bovine*' a '*beef*' (o'r ffurf Ffrangeg cynnar '*boeuf*'). Mae'n bosibl bod *Gurkha* hefyd o'r un gwreiddyn, y tro hwn o'r Sanskrit yn y pen draw, sef 'un sy'n amddiffyn gwartheg'. Yn yr ieithoedd Germaneg caledwyd *b, d, g* yn *p, t, c* ac felly gallwn weld bod '*cow*' yn gytras hefyd.

Byddai gan wartheg enwau tan yn ddiweddar, ond dywed ffermwyr fod yr arfer yn lleihau erbyn hyn. Rhaid cofio mai nifer gweddol fychan o wartheg a fyddai ar bob fferm ychydig o genedlaethau yn ôl. Erbyn heddiw nodwyd mai cod bar neu rif sy'n arferol. Yng ngogledd Sir Benfro yn y flwyddyn 1885 (GDD 123-4) nodwyd yr enwau canlynol: Braithen, Picen, Cochen, Llwyden, Rhodd, Rhosen, Bwtyn, Brigwen, Pwlen, Ceinwen, Pwythen, Moelen, Gwenno, Pigen, Seren, Mwynen, Merfen, Cossi,

Crichen, Pica, Taith, Peren a Blacen. Er bod yr arfer yn prinhau nodwyd y canlynol yn Sir Gâr: Cwtwen, Seren, Blacen, Socwen, Penny, Fflora, Clover, Llwyden, Cochen, Dolly, Morfudd, Gini, Gwenno, Socs. Enw cyffredin ar fuwch neu geffyl oedd Seren, oherwydd bod iddynt yn aml seren wen ar eu talcen. Erbyn hyn mae Seren yn enw poblogaidd ar ferch, a theimlai nifer o amaethwyr bod hyn yn taro'n chwithig braidd.

Beth am y gair am y lluosog? Yn y Gogledd *gwartheg* sy'n arferol, gyda'r ynganiad *gwarthaig* yn gyffredin yn y Gogledd-orllewin. Yn y Gogledd-ddwyrain mae *catel* neu *catal* yn arferol. Yn y De yr unig air yw *da*, i'r de o Afon Rheidol o leiaf. Nodwyd yn y Gogledd mai lluosog *buwch* yw *buchod* tra bo *gwartheg* yn cyfeirio at yr holl rywogaeth gan gynnwys teirw a lloeau ac ati. Nododd rhai fod *buwchod* ar lafar, ffurf wedi ei ôl-ffurfio o *buwch*. Mae *da* yn hysbys yn y Gogledd hefyd, fel *da tewion*, ond mae'n colli ei dir i *gwartheg*. Ystyr wreiddiol *da* yn y cyd-destun hwn yw 'eiddo' neu 'golud' a chan mai gwartheg oedd eiddo pwysicaf y dyn yn y cae daeth i gael ei arfer yn benodol ar gyfer gwartheg. Cymharwch hwn â'r Saesneg '*goods*'.

O'r Saesneg Canol, neu efallai yn uniongyrchol o Ffrangeg y Normaniaid, y daw *catel*. Ei ystyr hefyd yw 'eiddo'. Y gair sy'n cyfateb mewn Saesneg yw *chattel* sydd yn dod o Ffrangeg ardal Paris, y math o Ffrangeg a ddaeth yn ffasiynol wrth i ddylanwad y Normaniaid edwino ac wrth i'r bonedd yn Lloegr fabwysiadu tafodiaith a ystyrient yn fwy urddasol. Daw hwn o'r Lladin '*capitale*' (eiddo). Golyga hyn ei fod yn tarddu o'r PIE **kaput-* 'pen' ac felly'n perthyn i '*head*' yn y Saesneg a ddaw o'r Hen Saesneg '*heafod*'. Mae llu o eiriau eraill fel '*cabbage*', '*capitulate*' ac efallai *cawg* hefyd yn perthyn, ond cadwaf y manylion ar gyfer trafodaeth arall.

Beth felly am y gair *gwartheg*? Un cynnig gan y Celtegydd Graham Isaac yw bod hwn yn dod o ffurf ar y gair *gwerth*, wedi'i gyfuno ag *eg*. Ond beth fyddai'r elfen hon? Un o nodweddion y Gelteg yw iddi golli'r sain *p*, felly gellir cynnig ail-lunio fel ffurf gyn-Gelteg **pec-*, a'i gymharu â'r gair Lladin '*pecunia*' (eiddo, cyfoeth). Dichon eich bod yn gyfarwydd â'r gair Saesneg '*pecuniary*' sy'n tarddu o hwn. Efallai ichi gofio imi sôn eisoes am 'dreiglad llaes' yr ieithoedd Germaneg. Petaem yn gwneud y newidiadau hyn i'r gair hwn caem '*ffech*', ac yn wir i chi yr oedd gair Hen Saesneg fwy neu lai o'r ynganiad hwn sef '*feoh*', ac erbyn heddiw y ffurf yw... '*fee*'. Mae ymgyfnewid aml rhwng geiriau am wartheg ac am gyfoeth, ond gallaf drafod hwnnw dan *swllt* yn y gyfrol nesaf.

Mae'n anodd gwybod ble i derfynu'r drafodaeth hon. Gellid trafod pob

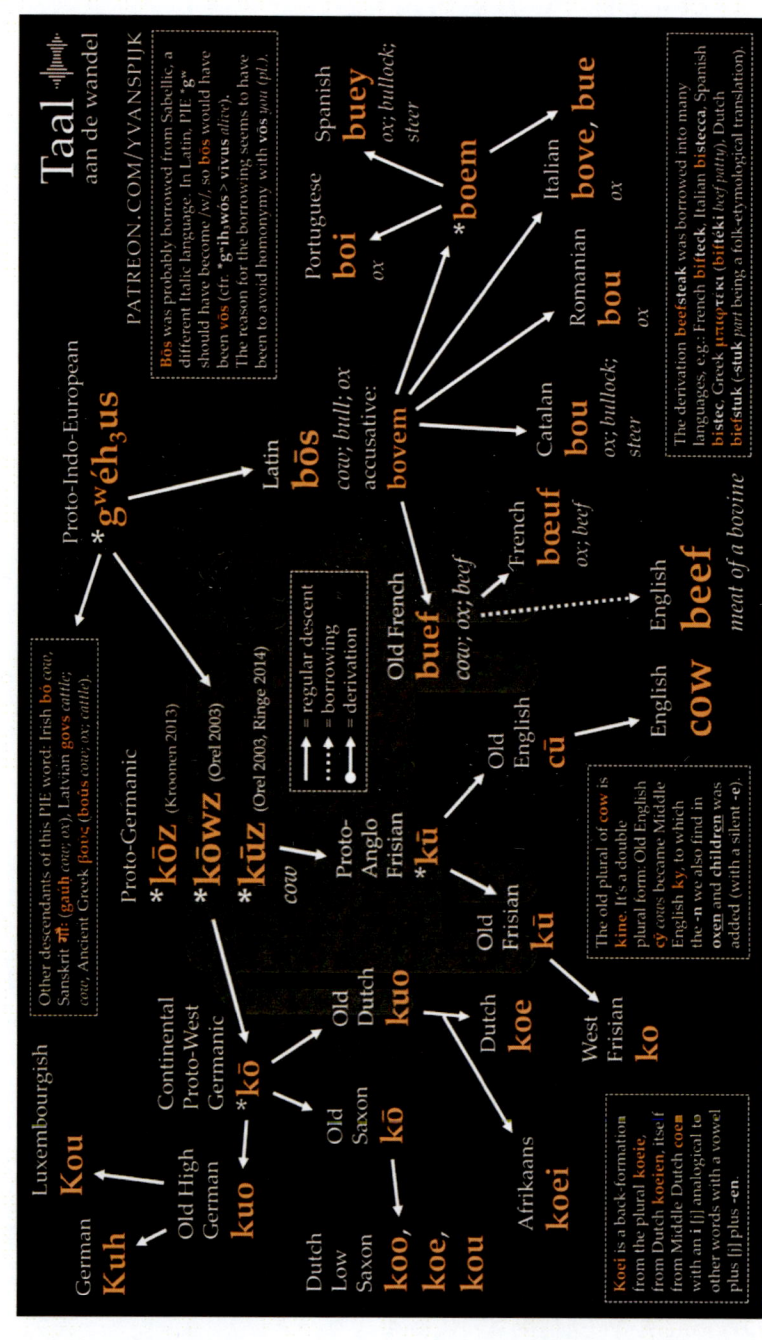

math o eiriau gwarthegaidd fel *treisiad* ac *anner/heffer* ac ati, ond credaf mai doeth fyddai ymatal. Nodaf ambell bwt bach arall.

Nododd yr ieithydd dawnus ac athro prifysgol Ifor Williams y defnyddid '*cynnwys*!' yng Ngwynedd fel gorchymyn i fuwch symud mewn beudy er mwyn gwneud lle i'r un sy'n ei godro (*Armes Prydein* t. 22), ond ni nododd neb fod hwn bellach ar lafar. Gair ym Môn (ISF 28) am wylio gwartheg wrth iddynt bori ar dir comin oedd *comio*. Y *llacia byta* oedd y rhannau lle buasai'r gwartheg yn pori (WVBD 36). Yn Sir Benfro y gair am wartheg yn rhedeg yn wyllt ar ôl cael eu plagio gan bryfed yw *gwrichenu*. *Pystodi* neu *stodi* yn y Gogledd. Yn Eifionydd (BILLE 227) nodwyd mai *migin* oedd y gair am y fan o gwmpas adwy lle bu gwartheg yn sathru ac yn ffagio, a nodwyd y dywediad 'Ni ddaw egin lle bydd migin'.

Wele gyferbyn ffeithlun penigamp gan yr ieithydd Ryan Starkey. Mae'n werth dilyn ei waith ar Facebook.

Cael Ail

Dyma ymadrodd y Gogledd-orllewin am rywbeth tebyg i '*comeuppance*'. Mae *cael sachad* hefyd yn gyfarwydd i rai yn Arfon. Ar ôl cael ail gellid dweud yn y De 'eitha cast â fe' (*serves him right*). Eglurodd Dewi Prysor inni: 'Cael ail' ydi cael 'bagliad' haeddiannol – (*egg on your face/comeuppance*) gan ychwanegu 'Dywediad sy'n golygu yr un fath, ond yn draddodiadol o chwareli Stiniog, ydi 'cael pen bar.' (Mae o'n marw allan erbyn hyn). Roedd yn deillio o rywun yn cerdded trwy lefel (twnnel) chwarel, ac yn bachu blaen ei droed ar ben bar trac y rheilffordd (rêl) oedd wedi codi fymryn (modfadd neu hannar modfadd) yn lle'r oedd yn ymuno â'r bar (rêl) agosaf.' Ymddengys mai *cael jaman* sydd yn Nyfffryn Nantlle, *jaman gachu* os ydi hi'n jaman fawr. Yn yr un ardal nodwyd bod *cael socsan* yn digwydd hefyd.

O Fôn (diolch Oswyn) cawsom yr enghraifft o ddyn blin yn cicio ci bach diniwed ar lwybr, wedyn troi o gwmpas a gweld ei dad, a hwnnw'n horwth o beth mawr danheddog, hwnnw wedyn yn rhoi brathiad hegar i'r ciciwr cas. Gellid dweud bod y ciciwr wedi *cael ail*.

Cael bydau

Ystyr hyn yw cael helynt mawr gyda rhywbeth. Mae *Geiriadur Prifysgol Cymru* yn nodi bod yr ymadrodd yn gyfarwydd yn y De, ond dim ond Gogs a roddodd atebion.

Yn Eglwysbach nodwyd 'Wedi cael andros o fyd hefo rhywun', yn Llanfairpwll 'Yntoes 'na fyd efo chdi?'. Ym Meirionnydd 'Mae 'na ryw fyd hefo fo/hi o hyd' a hyd yn oed gyda thasg, 'Dw i'n cael byd i wneud hwn'. Weithiau gallwn 'gael bydau' hefo plant anhylaw. Mae'n ymddangos mai'r gair *byd* ei hunan sydd yma, ond nid yw'r datblygiad i 'helynt mawr' yn hollol eglur.

Cael Gwagiad

Mae *cael pisiad* yn hysbys ledled y wlad. Yn y Gogledd digwydd *cael gwagiad*, sydd yn llai amharchus, fel *gollwng deigryn* yn y De. Clywyd *mynd am bwmpad* yn Aberystwyth, a *mynd â'r mul/llo i'r dŵr* a *taro deigryn dros yr hen wlad*, *mynd i weld Nain* ym Môn. Yn Llanrwst gellir *gwasgu lemon*. Mae *cyfrannu i Lerpwl* yn hysbys yn ardal Tryweryn am resymau gwleidyddol, a *tynnu dŵr o'r tatws* ger y Bala. Ymysg merched y gogledd-orllewin gellir *gwlychu'r gyrlen*.

Yn y De digwydd *cael tapad*. Daw *piso* o'r Saesneg a ddaw yn ei dro o'r Ffrangeg, a ddatblygodd o'r Lladin '*pissare*' sydd yn onomatopoeig, hynny yw bod y gair yn dynwared y sain. Felly o leiaf mae gan y weithred gysylltiad â diwylliant Clasurol y Rhufeiniad. Beth am *tapad*? Er nad yw'r gair ei hun yn ymddangos yn GPC mae'n debyg ei fod yn tarddu o *tapio*, sef gosod twll mewn casgen i wneud lle i'r hylif lifo allan.

Caethgyfle

Roeddwn gyda gyrrwr bws (Iolo), amaethwr o Eifionydd, a phan oeddem ym Metws-y-coed bu raid ceisio parcio'r bws-mini mewn maes parcio cyfyng iawn. Penderfynodd y dreifar mai gwell oedd peidio manwfro rhagor rhag iddo fynd i *gaethgyfle*, a mynd yn sownd fel na allai adael y maes wedyn. Dyry *Geiriadur Prifysgol Cymru* yr eglurhad hwn 'Ar lafar yn Llŷn, e.e. sonnir am ddafad mewn caethgyfle ar graig, neu am fachgen mewn caethgyfle ar ôl dringo i ben coeden a methu dod i lawr.' Nodir mai gair o Lŷn yw, ond ymddengys ei fod yn gyfarwydd hefyd ym Môn a Hiraethog.

Cafodd

Mae 'caeth' yn ffurf sydd wastad yn ennyn trafodaeth! Fel y mae eraill wedi ei nodi, nid yw 'caeth' – o'i ynganu i odli â 'maeth' – yn perthyn i unrhyw dafodiaith ddaearyddol (hyd y gwn i, er yn ddamcaniaethol fe allai godi drwy broses o orgywiro). Ond mae 'cath' yn gyffredin iawn. Ac fel mae eraill wedi ei nodi eto, mae'n debyg fod 'cath' yn gynnyrch dylanwad y patrwm 'ath' / 'a'th' am 'aeth', 'dath' / 'da'th' am 'daeth' a 'gwnath' / 'gwna'th' (dylanwadwyd gan y ffurfiau 'cadd' / 'cas', mae'n debyg). Os felly, mae'n dilyn nad yw 'cath' yn dalfyriad o 'caeth'. A chan hynny, mae'n debyg fod ysgrifennu 'ca'th' braidd yn gamarweiniol, oherwydd ni bu e yn y ffurf erioed.

At hynny, byddwn yn tybio mai'r duedd i lawer ohonom sy'n dweud 'ath' a 'dath' mewn cyd-destunau anffurfiol yw newid i 'aeth' a 'daeth' mewn cyd-destunau mwy ffurfiol. Ond ni fydd 'cath' yn mynd yn 'caeth' dan yr un amgylchiadau – byddai'n fwyaf tebygol o fynd yn 'cafodd'.

Mae manteision i ddysgu'r patrwm 'aeth', 'daeth', a 'caeth', yn arbennig wrth ddweud mai'r ynganiadau arferol yw 'ath', 'dath' a 'cath'. Ond mae'n peri problemau mewn cyd-destunau ysgrifenedig, gan fod 'caeth' yn ffurf ddieithr i drwch siaradwyr Cymraeg (ac eithrio yn yr ystyr ansoddeiriol 'rhwym, etc.', sy'n gwbl wahanol). Mae clywed ynganu 'caeth' yn llawn (gyda deusain) hefyd yn anghyfarwydd i nifer (er yn ddigon dealladwy fel rheol). Ond byddwn yn tybio mai'r ffurf ysgrifenedig sy'n taro'n fwyaf rhyfedd.

Yn y bôn, mae 'caeth' yn mynd yn groes i reolau sillafu arferol y Gymraeg. Hynny yw, mae ei ynganu'n llawn yn ôl y sillafiad yn esgor ar ffurf nad yw'n bodoli yn y tafodieithoedd daearyddol nac yn yr iaith safonol/lenyddol na hanesyddol. (Ond fel y nodwyd eisoes, mae'n ffurf sy'n cael ei hargymell gan rai ers cryn amser, ac felly mae'n ffurf lafar gan nifer o siaradwyr, fel y dengys https://corpus.corcencc.org/, ac iawn cydnabod hynny.)[3]

Nododd Hywel Wyn Jones bod y llinell rhwng y 'gath' a 'gas' rywle rhwng Gors-las a'r Betws.

Cala, coc

Wel dyma faes dyrys. Mae *coc* yn ymddangos yn ddigon cyffredin ledled y wlad, er mai prin oedd y bobol oedd yn fodlon nodi'r gair. Mae geiriau am organau rhywiol yn dueddol o ddenu llu o eiriau disgrifiadol er mwyn osgoi defnyddio'r term hysbys. 'Disodli tabŵ' yw'r term am hyn, ac mae'n digwydd gyda phethau fel *cachu* hefyd.

Ta waeth, y gair Cymraeg gwreiddiol oedd *caly* / *cala*, ond dim ond yma ac acw yn y De y nodwyd bod hwn ar lafar o hyd. Digwydd yn yr ymadrodd

---

[3] Carwn ddiolch i Dylan Foster Evans am yr eglurhad hwn.

cal ceffyl yn y Gogledd, ond prin yw erbyn hyn. *Pidlen* sy'n arferol yn y Gogledd ond mae *pidyn* yn digwydd yma ac acw yn ogystal ac yn y De hefyd. Ceir *pidws* am un merch yn Sir Ddinbych. Yn Gogledd-orllewin y gair plant yw *bijibó*. Gair sydd yn ôl rhai, braidd yn hen ffasiwn yn y De yw *pishyn*, ac yn amlwg gall beri problemau oherwydd bod hwn yn golygu merch ddel neu fachgen golygus. Yn bur aml bydd pobol yn defnyddio enw gwrywaidd sy'n cynnwys enwau cyfarwydd fel *John Tomos* (Groeslon), *Jac Twm* (Tanygrisiau), *Dicw* (Porthmadog), *Joni Jones* (Llanrug). Mae *Wili* yn gyffredin hefyd, o'r Saesneg wrth gwrs. Ceir *cocws* am un baban yn y Gogledd-orllewin. Ym Mro Ddyfi cafwyd y *binc(i)en*, a *pegws* yng Ngheredigion.

Gair plant yn Nyffryn Conwy oedd *pethdigri*, a *biliwincs* ym Mhontarddulais. Yn Llanfairpwll nodwyd *coc*, *pidlan*, *deryn-to*, *peth canu*, *jili-ffrit*, *pidl-dots*, *yr hen beth*, a *bili*, neu *biliwish*. Yn ardal Llanberis cafwyd *darn* a *pidlŵs*. Yn Rhydaman *tamed* a *piben gig* ym Mhontyberem. Mae rhai Gogs hefyd yn gyfarwydd â'r *gansen gig*, y *pastwn cig* neu'r *benbiws*. Mae *preifat* yn hysbys hefyd yn y Gogledd.

Bu'r ymateb i'r cwestiwn yn gyfoethog iawn ond mae'n anodd gwybod pa batrymau sydd, yn enwedig gan fod cymaint o greu termau yn lleol neu o fewn teuluoedd. Mae'n ymddangos hefyd bod *cala* (ffurf ddeheuol) yn ymestyn oherwydd mai ef yw'r term yn y gyfundrefn addysg.

O'r Saesneg '*cock*' y daw'r gair Cymraeg wrth gwrs, ac yn wir cyfeirio at y gair Saesneg am 'geiliog' a wna. Er mwyn osgoi amwysedd y gair y daeth '*rooster*' (clwydwr) yn boblogaidd ac yn arferol yn yr Unol Daleithiau.

Ni wyddom i sicrwydd o ble daw'r gair *pidyn* ond digwydd mewn cywydd gan Ddafydd ap Gwilym yn hanner cyntaf y bedwaredd ganrif ar ddeg:

Palmer budr, pŵl marw bidyn,
Paeled oer heb bil y din.[4]

Ac yno hefyd y cewch gywydd dychmygus y bardd 'Cywydd y Gal', un y gwrthododd Syr Thomas Parry ei gynnwys yn y casgliad mawr. Cynnwys linellau cofiadwy megis:

---

[4] Cewch fanylion llawn ar wefan https://dafyddapgwilym.net/.

Pestel crwn, gwn ar gynnydd,
Purdan ar gont fechan fydd,
Tobren arffed merchedau,
Tafod cloch yw'r tyfiad clau,

Cyfeiriodd un at englyn adnabyddus, ond gwaetha'r modd ni allai gofio'r llinell olaf yn ei chyfanrwydd. Tybed a oes cynganeddwr a allai ein cynorthwyo.

Yr hen gal, un dal ac un deg – un ydyw
   i godi ar adeg:
ni chwennych am ychwaneg
na **ont o gwmpas ei cheg.

Yn ôl at y tarddiadau. Digwydd *cal* yn y Gernyweg a *kalc'h* yn y Llydaweg, ac felly teg tybio mai dyma'r gair arferol i fawrion megis Maelgwn Gwynedd ac Aneirin a Thaliesin. Daw hwn o'r Gelteg **kalga:*, a ddaw yn ei dro o'r gair Proto-Indo-Ewropeg **kel-* 'pigo'. Mae hwn i'w weld yn *colyn*, a *celyn* hefyd, ac yn y Saesneg '*holly*'. Mae'r gwreiddyn i'w weld yn 'Calgacus' hefyd, arweinydd y Calidones yn ystod yr ymgyrch Rufeinig gyntaf i'r gogledd pell, tua'r flwyddyn 83. Mae'n debyg bod hwn yn golygu 'pigog' neu efallai 'Biggus Diccus'. Yn wir mae'r union air yn ei ffurf fodern, sef *caliog*, ar lafar ym Môn am rywun '*cocky*'.

Camddeall Cymraeg

- Roeddwn i mewn parti un tro. Roedd y gwestai , o'r enw Owain, yn gogydd o fri ac roedd pob math o ddanteithion blasus ar fwrdd. Fe'i canmolais yn hael, ac yn sydyn trodd un o'r lleill ataf, merch o Lambed, ac edrych arnaf yn gwbl syn, a golwg rhwng dig a dychryn ar ei hwyneb. Dywedodd yn gadarn:
"Sai'n gallu credu bod ti wedi gweud 'ny." Methwn ddeall o gwbl, a nodais fy mhenbleth.
"Be' ddwedais i o'i le?", medda fi. Atebodd hithau, gan honni imi ddweud y canlynol.
"Ti'n uffar o goc oen!". Meddyliais am dipyn, ac atebais, gan ddeall ei chamsyniad.
"Be ddwedish i oedd 'Ti'n uffar o gwc Owain'." (Stori wir)
- Mae'r hanesyn canlynol yn hysbys iawn yn y Gogledd. Honnir i fachgen

ddod adre o'r ysgol a chwyno wrth ei fam fod y prifathro, tra'n sôn am daith ysgol y diwrnod canlynol, wedi rhegi ar y plant i gyd, pan oedd yn eu hatgoffa i ddod â bwyd gyda nhw. Nodir i'r fam ffonio'r prifathro i gwyno ac i yntau ar ôl myfyrio am ychydig egluro iddo ddweud: "Cofiwch ddod â phecyn bwyd yfory".

- Wastod yn cael golwg siarp wedi dweud fy mod yn dal hirbryd o wanc. Ishe bwyd! Cyfarwydd iawn yng Nghwm Gwendraeth. Mae 'gwanc' (awch am fwyd), am resymau amlwg yn peri anawsterau.
- Roedd arweinydd côr meibion o'r Gogledd yn arwain cantorion o'r De, ac am iddynt agor eu copïau o'r llyfr caneuon. Dywedodd yn uchel "Agorwch eich copis", heb wybod mai *copis* yw gair y De am *balog*. Edrychodd y cantorion yn syn arno.
- 'Oes 'da chi bistyll yn eich clos?' – cwestiwn diniwed rhywun o'r de i ffarmwr o Ddyffryn Dyfi. *Clos* yn y De yw *buarth*, felly roedd yn holi a oedd dŵr yn y buarth. Mae *clos* yng Nghanolbarth Cymru yn golygu *trowsus*, felly hawdd deall y camsyniad.
- Roedd fy nhad yn Ysbyty Gwynedd, ac yn cael profion mewn gwahanol adrannau. Cafodd o sioc pan ddeudodd un nyrs wrtho – "Cewch weld tina nesaf" – h.y. Tina oedd enw'r nyrs.
- Gweinidog efo Cymraeg fel ail iaith yn dweud wrth rywun i "Go to hel" – h.y. hel y casgliad.
- Hanesyn sy'n gyffredin yn Leon yn Llydaw yw hwnnw am yr esgob newydd, a oedd wrthi'n dysgu Llydaweg, yn cyhoeddi'n gryg wrth y dorf "Me 'meus kollet va maouez" yn hytrach na "Me 'meus kollet va mouez", h.y. yn haeru iddo golli ei wraig yn hytrach na'i lais. I drigolion Catholig duwiolfrydig y fro yr oedd y syniad o eglwyswr yn priodi yn peri digrifwch mawr.

Canu Crwth, Canu Grwndi (*to purr*)

O Geredigion i'r Gogledd *canu grwndi* a ddywed pawb, ond o Sir Benfro draw i gymoedd y De y ffurf *canu'i chrwth* sy'n arferol, a'r hyn sy'n rhyfedd yw bod hwn hefyd yn arferol ym mhen draw Llŷn.

Ymddengys (GPC) mai'r ffurf wreiddiol oedd *crowdi, growdi* a ddaw o'r Saesneg tafodieithol '*crowdy*' (ffidil fach). Mae'r astudiaeth ryfeddol *The Welsh Vocabulary of the Bangor District* yn nodi'r canlynol (WVBD 299): '*Beth wyt ti'n canu'n dy growdi?*' (*What are you whining about?*) a 'Canu crowdi (growdi) rhwun' (*to cry down somebody*).

Mae *Geiriadur Prifysgol Cymru* yn egluro inni beth yw *crwth*, 'Hen offeryn cerdd, nid annhebyg i'r fiolin, a oedd yn gyffredin yng Nghymru gynt a chanddo chwe thant (ond tri ar y cychwyn) ac a genid â bwa'. Enw un a fyddai'n canu'r offeryn yw *crythor*, ac o hwn y daw'r cyfenw Saesneg *Crowther*. Ffurf fenywaidd *crwth* yw *croth*, ac mae'n debyg bod y ddau yn wreiddiol yn cyfeirio at rywbeth crwn, ond ni wyddom ddim rhagor am darddiad y gair hwn.

Cenlli (GLlG 231)
Pe cawn i egwyl ryw brynhawn
Mi awn ar draws y genlli
A throi fy nghefn ar wegi'r byd
A'm bryd ar Ynys Enlli.

meddai Cynan. Ond beth yw *cenlli*? Dywed Geiriadur Prifysgol Cymru mai 'ffrydlif, llifeiriant' yw'r ystyr. Dim ond yma ac acw mae'r gair bellach yn gyfarwydd, a hynny yn y Gogledd-orllewin. Yr ystyr bennaf yw am gawod drom o law e.e. *yn genlli o law* (Trefor) a *bwrw'n genlli* (Dyffryn Nantlle). Yn Edeirnion nodwyd mai *llif o ddŵr cyflym yn pistyllio ar briffyrdd ar ôl tywydd garw* yw. Caiff ei darddu o *cefn+llif*, ond ni allaf gynnig eglurhad am y defnydd o *cefn* yma.

Chud, chewing gum
Bu cryn drafod am y gair '*chud*', trafodaeth frwd ar brydiau. Yr oedd map o dafodieithoedd Saesneg Prydain yn honni bod y gair hwn ar lafar yn y Gogledd, gan ddatgan yn weledol fod y fath beth felly â thafodiaith Saesneg gydnabyddedig yno. Fy mhrofiad i, a barn tafodieithegwyr, yw nad oes ardal dafodieithol Saesneg unedig yng Ngogledd Cymru – amrywiaeth eang sydd yma heb gysondeb. Hynny yw, mae acenion Cymraeg gan lawer oherwydd mai Saesneg yw eu hail iaith. Mewn rhai ardaloedd, fel Bangor, bu tafodiaith Saesneg ers y chwedegau, un sy'n drwm dan ddylanwad seinegol y Gymraeg. Ond mae llu o ddylanwadau eraill yn yr ardal. Yn ardal Tywyn, er enghraifft, mewnfudwyr gweddol ddiweddar sydd yno ond nid oes tafodiaith Gymreigaidd ganddynt. Ar hyd arfordir y Gogledd prin yw dylanwad y Gymraeg ar y tafodieithoedd oherwydd mai mewnfudwyr gweddol ddiweddar yw'r rhelyw. Mae Saesneg safonol iawn yn cael ei siarad gan lawer yn ardal Bangor oherwydd cysylltiadau â'r brifysgol. Ym Miwmares, Saesneg safonol neu dafodieithol a siaredir gan lawer. Hynny yw, o holi siaradwyr Saesneg iaith

gyntaf yn y Gogledd dim ond rhai y gellid eu lleoli ar sail eu tafodiaith yn yr ardal. Clytwaith o dafodieithoedd symudol sydd yma, a llawer iawn ohonynt yn deillio'n uniongyrchol o dafodieithoedd Saesneg.

Yn ôl at y gair *chud*. Ymateb pobol hŷn, fel fi, oedd bod y gair yn gwbl ddieithr, ond roedd cryn dipyn o wahaniaeth ymysg pobol a fu yn yr ysgol yn y 90au. Er bod llawer iawn yn dweud bod y gair yn hollol anghyfarwydd iddynt, roedd yn hysbys i lawer – yn y Bala, Llangefni, Llandudno, Wrecsam, Bangor. Pan stiliwyd pobol ymhellach daeth y sefyllfa yn gliriach. Roedd y gair yn fwy cyffredin ymysg siaradwyr Saesneg, a nodwyd, yng ngogledd Môn, bod llawer o'r mewnfudwyr o ogledd Lloegr. Nododd rhai hefyd eu bod yn cysylltu'r gair â threfi Seisnigaidd fel Llandudno. *Chewing gum* oedd y term arferol gan y mwyafrif. Nododd un ddylanwad posib rhaglenni teledu fel *Brookside* a *Hollyoaks*, a nododd sawl un arall eu bod hwythau wedi clywed y gair yng Nghaer a Swydd Efrog. Ond os edrychwn ar wefan ardderchog 'Our Dialects'[5] gwelwn fod y gair *chud* yn eithriadol o brin, gyda dim ond 0.85% o'r rhai a atebodd yn nodi eu bod yn ei ddefnyddio. Un sylw oedd bod y gair *chud* yn fwy bachog na *chewing gum* sydd yn dipyn o lond ceg. Byddwn i'n amau mai *chewing gum* yn unig a ddefnyddiwyd yn y Gymraeg tan yr 80au ac wedyn, fod rhai wedi dechrau arddel *chud* dan ddylanwad mewnfudwyr, gan ei ystyried yn wir yn fwy 'bachog'.

Rhaid cofio mai yn ystod yr Ail Ryfel Byd y daeth gwm cnoi yn boblogaidd ym Mhrydain wrth i filwyr Americanaidd, a'i dderbyniai yn rhan o'u *rations*, ei ffeirio gyda'r brodorion.

Cnofa (WVBD 275)

Yn y Gogledd-orllewin golyga *cnofa* 'boen sy'n mynd a dŵad, fel crampiau'. Yn Sir Ddinbych gellir dweud 'Mae 'na gnofa ar y ci 'ma', pan fo rhywbeth yn ei boeni, neu pan fo arno eisiau rhywbeth. Mae *cnoi* am boen bol go ddifrifol yn ddigon cyffredin. Gellir dweud bod rhywbeth 'yn cnoi arni'. Ym Môn gellir dweud 'Ma gin i gnoi', neu 'Gododd gnoi mawr arna i roedd raid i mi ruthro i'r tŷ bach, a mi ges sgwrfa iawn yn fano' (Môn). Ym Mhen Llŷn nodwyd *gwasgfa* am y fath boenau, tra bo hyn yn golygu *llewygu* mewn mannau eraill.

---

[5] https://www.ourdialects.uk/

Corryn, pry' cop(yn)

Sut i wybod ai Gog ynteu Hwntw yw rhywun? Holwch am y gair hwn – *corryn* yn y De a *pry cop(yn)* yn y Gogledd. Mae *pry cop* yn amrywio gyda *pry copyn* yn y Gogledd ond mae'n anodd gweld patrwm amlwg, ond mae *gwe pry cop* yn llawer mwy cyffredin na *gwe pry copyn*, efallai oherwydd ei fod yn fyrrach. Yn Llangefni, Bethesda, Blaenau Ffestiniog a Llanberis nodwyd *sbeidar* hefyd! O ran y lluosog *pryfaid/pryfid cop* sydd yn y Gogledd. Yn y De clywir *corynnod* a *corod* ond methais weld patrwm eglur.

Nid *gwe pry cop* sy'n arferol yn y De ond pethau fel *gwircor / gwir côr* (Ceinewydd, CC2 357) neu *gwidd corn* (Penfro, GDD 155) a'r ynganiad yn aml yn *whith cor*.

Yr un yw bôn *corryn* â *corrach*, hynny yw 'yr un bychan' yw'r ystyr. O'r Saesneg Canol y daw *cop*, ac mae'r un elfen i'w gweld yn *cobweb*, ac '*atorcoppe*' sef y gair Hen Saesneg am y creadur. Efallai fod rhai ohonoch sydd wedi darllen *The Hobbit* yn cofio am Bilbo yn Mirkwood yn herian y pryfaid cop anferthol gan ganu:

> Old fat spider spinning in a tree!
> Old fat spider can't see me!
>   Attercop! Attercop!
>   Won't you stop,
> Stop your spinning and look for me?

Mae *cop* yn amlwg yn perthyn i *spinne-cop* yn yr Iseldireg ond mae hanes y gair yn yr ieithoedd Germaneg yn aneglur braidd. Daw *spider* o'r Broto-Germaneg **spin-thron-*, o'r gair '*spin*' sef 'nyddu', sef yr un sy'n nyddu gwe.

Tynnodd Beryl Williams ein sylw at yr englyn canlynol, un heb yr un gytsain. Digwydd yn ddienw yn *Diferion y Beirdd* (1842, t. 31) a nodir iddo gael ei gyfansoddi yn y ganrif flaenorol

O'i wiw wy i weu e a—a'i weau	*From its fine egg it goes to weave—and its webs*
O'i wyau e weua	*It weaves from its eggs*
E weua ei we aia',	*It weaves its winter web*
A'i weau yw ieuau ia!	*And wefts of ice are its weavings!*

Saif *e* am *y* mewn Cymraeg diweddar, a *gaeaf* a gynrychiolir gan *aia*. Cyfeirir at y syniad rhyfedd o gorryn yn gweu ei we o wyau yn y Beibl.

Ychwanegodd Gareth Pritchard nodyn. 'Fel hyn yr ysgrifennodd. Waldo Williams am y 'corryn'- pry cop i ni yn y Gogledd, ar y 10fed o Ionawr, 1970, mewn llythyr at fy modryb, Megan Humphreys. Dyma, yn fwy na thebyg, oedd y peth olaf a ysgrifennodd cyn dioddef strôc.'

> O gawr wythgoes gorweithgar – y gwehydd
>   Ag awen orchwylgar.
>   Fawr o fan sydd dan fy star
>   I ti a'th rwydi radar.

Crugo

Dyma un o eiriau nodweddiadol siroedd y Fflint a Dyffryn Clwyd. Nododd un ei fod yn gyfarwydd yn y Bala hefyd. Yr ynganiad ydi *crigo*, a dyma'r sylwadau a roddwyd.

- Crigo yn gyfarwydd iawn, i olygu 'difaru' (dw i'n crigo nad esh i) ac i olygu teimlo bechod/biti dros rywun (dw i'n crigo drosto fo) – Prestatyn/Gwaenysgor.
- Mae'n golygu mwy na 'poeni, gofidio'. Mae ychydig o elfen o ddifaru (edifarhau) yn rhan ohono – ddim am rywbeth a wnes i – ond am ryw sefyllfa.
- 'Dw i'n crugo na fedra i dy helpu di gyda'r plant nos yfory'.
- 'Dw i'n crugo na faswn i wedi mynd i gêm ddiwetha Cymru'.

Mae *Geiriadur Prifysgol Cymru* yn nodi ei fod yn tarddu o'r gair *crug* 'pentwr'. Ystyr y ferf yw 'Hel ynghyd, crynhoi, pentyrru'. Dichon mai o rywbeth fel 'hel gofidiau' y datblygodd, ond mae'r union ddatblygiad yn ansicr, hyd yn oed o edrych ar yr enghreifftiau cynharaf.

Mae *crug* 'bryncyn' yn hen air Celteg da, ac mae'n digwydd yn eang yng Nghymru, fel yn *Crug Hywel* sef Crucywel (Crickowell) a Cric(c)ieth (crug+ceith, hen luosog *caeth(was)*). Digwydd yn y Gernyweg fel *cruk*, Hen Lydaweg *cruc* a'r Hen Wyddeleg *crúach*. Os ewch i Iwerddon neu i'r Alban fe welwch hwn mewn llu o enwau mynyddoedd. Mae'n digwydd yn Lloegr hefyd, fel yn Penkridge yn Swydd Stafford ac yn yr Alban fel Bargrug.[6] Mae'r enw Brythoneg wedi ei gadw inni mewn ffynonellau Lladin o'r cyfnod hwnnw, sef *Pennocrucium* (Pencrug). Wrth i'r Sacsoniaid oresgyn

---
[6] Am lu o enghreifftiau pellach yn ngogledd Prydain gweler BLITON.

neu feddiannu ar diroedd y Brythoniaid mae'n amlwg mai Brythoneg oedd iaith trwch y boblogaeth am rai cenedlaethau, ac felly nid yw'n syndod bod llawer o'u henwau lleoedd wedi para. Mae sawl lle o'r enw *Creech*, *Crook* a *Crutch* yn Lloegr.[7] Mewn rhai o dafodieithoedd yr Hen Saesneg trodd *-c* yn *-tch* ar ôl y sain /y:/. Hon yw'r sain a glywch mewn geiriau Ffrangeg fel '*tu*' a '*dur*'. Taflodi yw'r term am hyn, a hyn sy'n egluro ffurfiau fel *Creech* a *Crutch*.

Mae nifer o leoedd yn Lloegr o'r enw Churchill, ac mae arbenigwyr yn amau mai'r ffurf wreiddiol oedd *crug*, gyda'r gair Saesneg '*hill*' wedi cael ei ychwanegu ato. Gan fod '*crug-hill*' (*creech*) yn cynnwys elfen gyntaf dywyll, mae'n bosib bod y cyfan wedi ei ailddehongli fel Churchill. Sylwer bod ystyron *crug* a '*hill*' yn debyg iawn. Y gair am hyn yw 'tawtoleg', sef dweud yr un peth ddwywaith. Yn Bredon Hill (Swydd Gaerwrangon), mae gennym eiriau cyfystyr o dri chyfnod gwahanol: *Bre* o'r Frythoneg *bre* 'bryn', *don* 'bryn' o'r Hen Saesneg, a *hill* o Saesneg Modern.

Crust

Dyma air Cymraeg sy'n ddigon eglur ei ddosbarthiad – *crystyn* yn y Gogledd a *crwstyn* yn y De. Dim ond un amrywiad a gawson ni sef *croston* yng nghanol Ceredigion. *Crystyn* a gafwyd o'r Wladfa.

Mae map 1on *The Linguistic Geography of Wales* yn nodi ardal o ganol Ceredigion i Sir Frycheiniog lle mai *crofen* (crawen) yw'r gair arferol, ond prin oedd y rhai a nododd ei fod yn gyffredin o hyd. Nodwyd y *donnen* yma ac acw yng ngogledd Ceredigion ond roedd hyn yn brawychu nifer oherwydd iddyn nhw dyma'r gair am 'groen' cig neu gaws. Ar y map a nodwyd uchod gwelir bod cryn amrywio yn ardal Tregaron, ac yn wir nodwyd hyn gan Gwyn Jones 'Y ddau i'w clywed ffor' hyn. Mam yn arfer crwstyn am ben y dorth (os yn ffresh ta beth) ac am beth sy o amgylch y dafell. Ond yn amau bod rhai yn gweud crofen am o leia un ohonyn nhw.'

Ond pam y mae rhai yn dweud *crwstyn* ac eraill yn dweud *crystyn*? Mae angen inni edrych yn gyntaf ar darddiad y gair. Y tro cyntaf y gwelwn ef yw mewn cywydd gan y bardd enwog Iolo Goch. Efallai eich bod yn gyfarwydd â'i gywydd i Lys Owain Glyndŵr yn Sycharth. Y llinell sydd ganddo yw *Llwm ei grwst, fab llym ei graidd*, ac fe'i cyfansoddwyd tua 1400. Gair benthyg gweddol ddiweddar oedd o'r Saesneg *crust*, a'r ynganiad oedd *crwst* yn yr iaith honno. O ran diddordeb daw hwn o'r Hen Ffrangeg

---

[7] Gweler SMITH, A. H. 1987. *English Place-name Elements, Part One*, Cambridge, Cambridge University Press.

'*crouste*'. Collwyd y sain 's' yn y cyd-destun hwn gan roi '*croûte*' yn yr iaith fodern. Pan oedd yr iaith Ffrangeg wrthi'n colli'r sain hon dechreuodd y deallusion nodi'r 's' yn fach uwchben y llafariad o'i blaen h.y. rhywbeth fel 'crou[s]te'. Ond yr oedd y llafariad hon yn mynd yn hirach, er mwyn cymryd lle'r 's' a gollwyd. '*Compensatory lengthening*' yw'r term am hyn. Tua'r unfed ganrif ar bymtheg datblygodd yr [s] yn ˆ, sef y '*circumflex*'. Benthyciwyd yr arfer i'r Gymraeg i ddangos llafariad hir, a dyna yw tarddiad ein 'to bach' ni.

Ond beth am fynd yn ôl at y gwahaniaeth rhwng *crwstyn* a *crystyn*. Mae'n siŵr eich bod wedi sylweddoli ar barau fel: *llwm / llymach, crwm / cryman, dwfn / dyfnion*. Y sain *w* sydd yn y cyntaf o bob pâr ond y sain dywyll 'schwa', sef /ə/, sydd yn yr ail. Yn y Gymraeg mae'r acen bwys ar y goben, y sillaf olaf ond un. Ond nid fel hyn roedd hi mewn Hen Gymraeg, roedd yr acen ar y sillaf olaf. Felly roedd ynganiad llafariad y sillaf gyntaf braidd yn wan, oherwydd nad oedd dan yr acen. Yr hyn a ddigwyddodd oedd llacio'r ynganiad o *w* i *y*. Rywbryd yng nghyfnod Hen Gymraeg symudodd yr acen o'r sillaf olaf i'r goben, ond erbyn hyn roedd y gyfatebiaeth rhwng *y*-glir mewn geiriau unsill ac *y*-dywyll yn y goben wedi hen ymsefydlu yn yr isymwybod gramadegol a byddai geiriau benthyg yn aml yn dod i gydymffurfio â'r patrwm. Felly (gyda'r llythrennau sydd mewn print trwm yn nodi lleoliad yr acen):

| llwmach | > | llymach | > | llymach |
| crwman | > | cryman | > | cryman |

Pan fenthyciwyd y gair *crwst(yn)* i'r Gymraeg mae'n debyg bod yr arfer o droi'r sain glir yn sain dywyll yn gadarnach yn y Gogledd na'r De, felly bu i'r Gogs newid y sain i gydymffurfio â'r hen arfer.

Cafwyd newid tebyg gydag *y*-glir hefyd yn troi'n *y*, ac felly dyma pam y mae gennym y parau canlynol:

llyn > llynnoedd   cynt > cyntaf
dyn > dynion   gwyn > gwynnach

Heblaw am '*crust*' yn yr iaith Saesneg rydych chi'n gyfarwydd â nifer o eiriau eraill sy'n perthyn. Meddyliwch am *crouton* o'r Ffrangeg, a *Crustacean* (un â chragen galed) o'r Lladin a *crystal* o'r iaith Roeg. Mae un arall sef *cwstard* a hwn yn deillio o'r gair Eingl-Frangeg *'croustade'* a hwn yn ei dro o *croustardo* 'tarten ffrwythau' mewn Hen Brofensaleg.

Cwcan, Cwcio, Coginio

Dyma air gyda dosbarthiad eglur rhwng y Gogledd (cwcio) a'r De (cwcan). Ond yr hyn sy'n ddiddorol yw bod *coginio* yn dod yn fwy cyffredin ymysg y to ifanc, yn enwedig yma ac acw yn y Gogledd. Dylanwad yr ysgol a'r cyfryngau yw hyn mae'n debyg, ond hefyd y ffaith bod *cwcio* yn deillio mor amlwg o'r Saesneg, ac felly, fod *coginio* yn cael ei ystyried yn fwy Cymreigaidd. Nododd sawl un yn y Gogledd-orllewin mai *g'neud bwyd* yw'r ffurf naturiol. Dau derfyniad berfenwol gwahanol sydd gennym, *-io* yn y Gogledd ac *-an* yn y De.

O'r Saesneg y daw *cwc-*, wrth gwrs, ond mae *coginio* hefyd yn y pen draw o'r un gwreiddyn. Lluniwyd *coginio* o'r bôn *cog* 'cogydd' a dim ond yn 1772 y digwydd am y tro cyntaf. Bathiad gweddol ddiweddar a llenyddol yw felly.

O'r Lladin *'coquus'* neu efallai yn hytrach o'r ffurf lafar *'cocus'* y daw *cog*, un o'r llu o eiriau a ddaeth i'r Frythoneg yn ystod y cyfnod Rhufeinig, cyn i'r Saeson gyrraedd yr ynys. Tra oedd y Sacsoniaid ar y cyfandir benthycon nhw'r gair hefyd gan roi 'cook'. Y gair Almaeneg yw *Koch*, ac mae'n gyfenw digon cyffredin. Efallai fod rhai ohonoch yn gyfarwydd â John Koch, y Celtegydd enwog sy'n byw ac yn gweithio yn Aberystwyth.

Ond a wyddoch fod y gair *pobi* yn perthyn hefyd? Dyma siart fach sy'n egluro. Cofiwch fod *k^w*- yn ddigon tebyg i 'cw' yn y Gymraeg.

Proto-Indo-Ewropeg p -k^w > k^w-k^w k^w > p p (rhwng llafariaid) > b
pok^w-   *$k^w ok^w$*-   *pop*-   *pob*

Yr hyn sydd wedi digwydd yw bod *pok^w*- wedi troi'n *$k^w ok^w$*- oherwydd i'r gytsain gyntaf ymdebygu i'r ail. Wedyn cafwyd y newid Celteg enwog lle trodd *k^w* yn *p* (yng Ngheltreg y Canol), a dyma a roddodd fod i'r hen ddosbarthiad yn 'Celteg Q' a 'Celteg P', gyda'r Q yn cynrychioli'r sain *k^w*. O ran 'Celteg y Canol' cyfeiriaf at yr holl dafodieithoedd ar wahân i Hispano-Gelteg yn Sbaen a Gwyddeleg, sydd ar yr ymylon, a lle na ddigwyddodd y newid hwn.

Fel y gwelwch dilynodd Lladin hynafol y Gelteg o ran y datblygiad cyntaf gan roi *'coquus'*. O'r gwreiddyn *pok^w*- daeth ffurf ansoddeiriol (rhangymeriad gorffennol, mewn gwirionedd) sef *k^wok^wto-, yn y Gelteg. Yn y clwstwr hwn o gytseiniaid y datblygiad oedd *$poxto$- (x = 'ch') ac o hwn y cawsom y gair 'poeth'.

Cyfain

Ar Galfaria yr ymrwygodd
Holl ffynhonnau'r dyfnder mawr;
Torrodd holl argaeau'r nefoedd
Oeddynt *gyfain* hyd yn awr.

Efallai fod rhai ohonoch yn gyfarwydd â'r pennill hwn o'r emyn enwog 'Dyma gariad fel y moroedd'. Yr hyn a holwyd oedd pwy sy'n gyfarwydd â'r gair *cyfain*, sef lluosog *cyfan*. Mae hwn ar yr un patrwm â *bychan* / *bychain*, ond prin iawn oedd y bobl a nododd ei fod yn gyfarwydd o hyd, a hynny ond yn y Bala a Bethesda, a'r ynganiad yw -*in* yn y ddau achos. Yr unig ynganiad a nodwyd oedd *cyfin*, ac fe'i clywir mewn brawddegau fel *Ydi'r llyfra cyfin gin ti?* neu *Doeddan nhw ddim i gyd yn gyfin*. Enghreifftiau eraill o'r un datblygiad yw *eraill* > *erill* ac *ieuainc* > *ifainc* > *ifinc*.

Ond pam yr ydym yn gwneud hyn, yn troi -*an* yn -*ain* yn y lluosog? Er mwyn cael yr ateb rhaid edych yn gyntaf ar Gymraeg Canol, ac yno gwelwn mai'r ffurf oedd 'bychein'. Newid mewn Cymraeg Diweddar yw troi'r terfyniad yn -*ain*. Ond er mwyn deall y cyfan rhaid, fel gyda llawer o'r iaith Gymraeg, dyrchu ymhellach i gyfnod y Broto-Gelteg. Yr oedd yr iaith hon, fel Lladin, yn gyforiog o derfyniadau i ddangos swyddogaeth gair mewn brawddeg. Y terfyniad amlaf ar gyfer y lluosog oedd -$\bar{\imath}$, sef 'i' hir. Edrychwn, er enghraifft, ar yr hen air am 'bardd' sef *bardos*. Ei luosog oedd *bardī* (yn y cyflwr enwol). Parodd yr $\bar{\imath}$ ar y diwedd i'r llafariad yn y bôn symud tuag ati. Felly cawsom rywbeth tebyg iawn i *beirdī*. Wedyn, yn y cythrwfl cymdeithasol a ddigwyddodd tua'r bumed i'r chweched ganrif, bu i'r iaith newid yn ysgytwol a cholli'r terfyniadau hyn. Ac felly daethpwyd i ddeall y gellid llunio lluosog gair ag *a* yn y bôn neu'r terfyniad trwy ei newid yn *ei*. Ac fel y gwelwch digwyddodd hyn gydag ansoddeiriau hefyd.

Cyflo(i), cyfeb etc.

Dywedir *buwch gyflo* am un sydd yn feichiog, a phan fydd yn 'cyfloia mae'n agosáu i loia, sef dod â llo' (Ceredigion). Yn Eryri ystyr *cyflói* yw rhoi heffar neu fuwch efo'r tarw. *Cyfeb* a ddefnyddir ar gyfer caseg, a hefyd ar gyfer dafad, ym Maldwyn a Phenllyn. Yn Nyffryn Banwy bydd buwch yn *llouo*, dafad yn *wyna*, bydd hwch neu ast yn *dorrog* a chaseg yn *llydnu*. Yn ne Sir Ddinbych bydd dafad yn *gyfoen*.

Dyma gyfle inni fynd ar drywydd enw ambell anifail Cymraeg. Yn y gair *cyfeb* uchod gwelwn y gwreiddyn Brythoneg (Celteg P mewn gwirionedd) am geffyl, sef **epo-*. Mae'n debyg bod rhai ohonoch yn gwybod am y syniad bod dwy gangen o'r Gelteg sef Celteg P a Celteg Q. Prin yw'r ysgolheigion a fyddai'n cymeradwyo'r safbwynt hwn bellach. O /k^w/ y daeth y /p/ ac mae hwn yn newid digon cyffredin mewn nifer o ieithoedd. Er enghraifft rhoddodd y gair Lladin '*aqua*' (dŵr) y gair Rwmaneg '*apă*'. Mae Celtegwyr heddiw felly yn fwy tebygol o feddwl am y newid hwn yn digwydd mewn ardal ganolog (Gâl a Phrydain) ond iddo beidio â digwydd ar yr 'ymylon', nac yn Iwerddon nac yn Hispania (Sbaen). Felly, gallwn ail-lunio'r gair Celteg hŷn, sef **ek^{w}o-*. Rhoddodd hwn '*ech*' mewn Hen Wyddeleg, a dyma'r gair arferol o hyd yng Ngaeleg yr Alban, a gaiff ei sillafu bellach fel *each*. Mae'r -*eb* Brythoneg cyfatebol i'w weld yn *ebran* (+rhan) 'bwyd ceffyl' a hefyd yn *ebol*. Digwydd hefyd, fe ymddengys yn *epil* (+hil) ac yn *ebrwydd*. Beth yw 'llwybr ceffylau'? Wel... *Epynt* (< eb+hynt).

Heb fanylu gormod mae'n debyg bod *ebrwydd* yn cyfeirio at geffyl chwim, a'r ffurf Broto-Geltec fuasai **epo-rēd-*. Mabwysiadodd y Germaniaid y gair hwn oddi wrth eu cymdogion, y Galiaid, gan roi eu gair hwy am geffyl, sef '*Pferd*' yn yr Almaeneg a '*paard*' yn yr Iseldireg. Rhaid pwysleisio yma nad oes unrhyw dystiolaeth a fyddai'n dilysu'r defnydd o Galeg a Brittonic yn y cyfnod cynnar hwn. 'Brittonic' yw'r term yn Saesneg ac mae rhai yn defnyddio 'Brythoneg' amdano, ond mae'n well gennyf gadw Brythoneg am yr iaith ar ôl iddi groesi'r trothwy i Gymraeg Hynafol, tua'r chweched ganrif. Ni wn felly pa air i'w ddefnyddio yn Gymraeg ar gyfer 'Brittonic' – yr iaith Geltaidd ar yr ynys a oedd yn araf ddatblygu'n iaith ar wahân i dafodieithoedd eraill y Gelteg.

Un o dduwiesau'r ceffyl yng Ngâl oedd Epona, a'r un -*on*- sydd yma ag sydd yn Mabon, a Modron. Dilynid ei chwlt gan farchogion o Geltiaid oedd yn gwasanaethu ym myddinoedd Rhufain, a dyma gwlt a ledaenodd yn eang ledled yr Ymerodraeth. Mae'n debyg bod yr enwau lleoedd Epfig ac Epy yn Ffrainc hefyd yn tarddu o'r elfen hon. Ond mae llawer rhagor o eiriau sy'n hysbys i chi yn perthyn hefyd.

Rhoddodd y gwreiddyn Proto-Indo-Ewropeaidd **ek^{w}o-* y gair '*hippos*' yn yr iaith Roeg, a sylwer unwaith eto ar y newid i *p* yma. Y gair am 'geffyl afon' yn yr iaith honno yw '*hippo-potamos*'. Un sydd yn caru ceffylau yw

Philippos, a rhoddodd hwn wrth gwrs yr enw personol Philip. Ar ôl Philip II, brenin Sbaen, yr enwyd y 'Philippines'. Meddyliwch hefyd am *hippocamp, hippogriff, hippodrome* a *Hippocrates* (+ *krátos* 'grym').

Y ffurf Ladin yw *'equus'* ac o hwn y daw geiriau Saesneg fel *'equine'* ac *'equestrian'*. Y gair am geffyl gwyllt oedd *'equiferus'*. Erbyn cyfnod Hen Sbaeneg y ffurf oedd *'ezebro'*, ac aeth i'r Bortiwgeg fel... *'zebra'*. Y tarddair mewn hen Saesneg oedd *'eoh'*, ac mae'r gair i'w weld yn yr enw Éowyn, uchelwraig o dylwyth Rohan ym myd creadigol Tolkien – gwŷr y ceffylau wrth gwrs.

O ran *oen*, gallwn ailffurfio'r Proto-Gelteg *ogno-*, ac mae hwn yn perthyn i'r Lladin *'agnus'*. Meddyliwch am Agnus Dei 'Oen Duw' (Yr Iesu).

Cymry ar Wasgar

Mae'n siŵr bod y rhan fwyaf ohonom wedi cwrdd â siaradwyr Cymraeg ar hap ymhell o'r henwlad. Dyma rai straeon.
- Cofiaf imi fod mewn cwrs Gwyddeleg yng Ngwyddelegfa Connemara mewn tafarn ddiarffordd gyda chriw o Gymry. Daeth dau feicar i mewn. Un yn llabwst boliog, hirwallt blewog a blêr. Gydag ef yr oedd pishyn iau o lawer, fel rhyw fersiwn ddelach o Cher. Methem gredu bod y ddau yn eu denims a'u siacedi lledr yn gariadon a hir fu'r sgwrs am y ddau, a eisteddai wrth y bwrdd cyfagos. Yn sydyn cododd y ferch dduwallt a dod atom ac eistedd ar ei chwrcwd ac edrych yn ddwys arnaf. 'Ych chi'n siarad Cwmrag ond ych chi?' meddai hi. Meddyliais dan ddychryn am hyn oll a ddywedasom am ei chymar brawychus ei olwg gan ddychmygu noson yn yr ysbyty lleol. Methais siarad. Ond ar ôl dipyn cawsom wybod iddi gael ei magu yn Nhregaron nes ei bod yn ddeng mlwydd oed, ac yn ffodus yr oedd Cymraeg criw o ogleddwyr ifainc yn ddieithr iddi, a chafwyd sgwrs hyfryd.
- Cwrddais â chriw yn gweithio ar y melinau gwynt trydan mewn gwesty diarffordd yn ucheldiroedd yr Alban, pan oeddwn yn mynydda un tro. Roedd un o Rosygwaliau ger y Bala yno, ac fe'i holais am ddisgybl a ddysgais. 'Fi ydi ei dad o!' meddai.
- Cwrdd â Chlwb pêl-droed Porthmadog yng ngodre Ben Nevis.
- Yn eistedd ar *ski-lift* yn Awstria a gwraig yn defnyddio 'cariad' gyda'i gŵr di-Gymraeg. Teulu gyda phlant Cymraeg o Hendy-gwyn.
- Ciwio am fws yn Sorrento a cyfarfod pobl o Fethesda. Y mab yn prynu tegan 'build a bear' yn Hamleys, a hogan o Port oedd yn ei greu o. (Huw Chambers).

- Y mwyaf diweddar – gwaelod Glen Etive yn yr Alban, dechrau mis Mai, cyfarfod merch a'i phlant oedd yn Gymry rhugl, yn byw yn Spean Bridge, ac yn adnabod pobl o'n i'n adnabod o Ddolgellau fy mhlentyndod. (Elen Huws). Nodyn golygydd: gwn am ddegau o Gymry yn byw ledled yr Alban.
- Athrawes yn dysgu yn yr un ysgol a fi yn Sri Lanka. (Ann Griffiths)
- Nofio yn y môr yn Menorca a'r gŵr yn dweud wrth y plant, oedd yn reit ifanc ar y pryd, am beidio â mentro'n rhy ddwfn. Gwraig yn codi yn sydyn allan o'r dŵr wrth ein hymyl ac yn dweud yn Gymraeg 'Mi wna i gadw llygad arnyn nhw, os liciwch chi!!' (Ann Ffrancon)
- Beicio mynydd ym Melbourne Awstralia. Hefyd mewn hostel ieuenctid yn Hong Kong. (Jane Harries)
- Cwrdd â crwt, ar y stryd yng nghanol Auckland, ZN, a gofyn iddo am gyfarwyddiade i'r parc agosaf. Gweld bo gyda fe acen Gymraeg a chyn hir, deall bod e wedi bod yn yr ysgol gyda'm chwâr! We hynny yn Ionawr 1987! (Hedydd Hughes).
- Cwrdd a gŵr a gwraig o Bwllheli yn fy nghapel yn Florida. A wedyn deall ein bod yn perthyn drwy briodas!! Byd bach! (Nest Wyn Jones)
- Roeddwn i yn Winyard Hall yng ngogledd ddwyrain Lloegr pan oedd gŵyl yn digwydd a'm gwaith i oedd mynd o gwmpas a holi pobl o ble roeddent wedi dod a beth oedd eu barn am yr ŵyl, es i at y pâr hwn a dechrau gofyn cwestiynau yn fy Saesneg lleol naturiol – Saesneg gogledd ddwyrain Lloegr a dyma'r wraig yn dweud yn Gymraeg nad oedd awydd ganddi ateb cwestiynau ac yn dweud wrth ei gŵr am eu hateb – dechreuodd hi gerdded i ffwrdd ond trôdd ar ei sodlau a rhuthro yn ôl pan glywodd hi fi yn gofyn i'w gŵr 'O ble daethoch chi heddi' a chlywed Cymraeg yn hytrach na'r Saesneg lleol roeddwn i'n ei siarad ychydig o funudau cyn hynny – y syndod ar ei hwyneb, a hithau'n holi wedyn sut roeddwn i'n siarad Cymraeg a finnau'n amlwg yn rhywun lleol a barnu o'm hacen Saesneg ond wrth siarad Cymraeg fe glywai acen Ceredigion – bu'n rhaid imi esbonio imi ddysgu'r iaith yn Aberystwyth a gweithio am flwyddyn yn y Llyfrgell Genedlaethol a dyna pam roedd gennyf acen Ceredigion. (Máire McGoldrick)
- Cerdded y 'Sea Wall' yn West Vancouver gyda'm ffrind pan ddaeth allan ataf am wyliau pan oeddwn yn byw 'na yn 1987/8. Heb sylwi bod ni'n cael ein dilyn tan i'r fenyw tu ôl i ni ddweud yn y Gymraeg ei bod wedi bod yn ein dilyn ers hanner awr. (Delyth James)

- Mi o ni yn disgwyl tu allan i'r ysgol am y mab ym Mansfield a clywad Mam yn deud wrth ei merch fach bod na lobscows i de. Felly mi ofynais iddi hi os na Cymraeg oedd hi, ac mi oedd hi yn dwad o Ryd Ddu yn wreiddiol lle fydda fy Nain ac fy modryb Myfanwy yn cadw y swyddfa post (byd bach!). (Margaret Wyn Woodcock)
- Rwy'n byw yn yr Alpau ac, yn iau, roedd mab inni ar brofiad gwaith mewn siop FNAC yn Annecy. Mi glywodd mam a merch yn siarad Cymraeg, ac mi wnaeth ddechre siarad hefo nhw. Mi roedd eu hwynebau yn bictiwr, syllu'n syn arno ac ar wisg a bathodyn y siop! (Mah Buga)
- Cwrdd â brawd Emyr Humphreys y nofelydd a'r ymgyrchwr ar ben mynydd yng ngwlad y Basg os wy'n cofio'n iawn. Fe'n clywed ni yn siarad Cymraeg. (Meinir Ffransis)
- Mewn cwch bychan ar y mor ger Kaikoura yn Seland Newydd yn gwylio'r morfilod a sylweddoli bod y bobl eraill ar y gwch yn siarad Cymraeg. O Benmachno oeddynt yn dod. (Ann Temp)
- Pasio mosg yn El Basan, Albania a gwr oedd wrthi'n cerdded i'r mosg yn dechrau siarad Cymraeg efo ni. Oedd o wedi bod yn astudio yng Nglan Hafren, Caerdydd ac wedi dysgu rhywfaint o Gymraeg tra bu yno. (?)
- Siop lyfrau yn Kochin, Kerala. Merch fferm o bentre cyfagos wedi ein clywed yn siarad Cymraeg. (Meinir Huws)
- 1995 - yn 'base camp' yr IMC yn Karkhara, Kazakhstan cyn cael hofrennydd i ganol mynyddoedd y Tien Shan. Roedd grŵp o ddringwyr yno, o ardal Caerdydd os dw i'n cofio'n iawn. Byd bach ynde! (Rhiannon Sparrow)
- Cael fy ngwthio oddi ar naid bynji wrth Grangetown Seland Newydd gan Gymro Cymraeg. Hogyn ar gap year yno. (Esyllt Williams)
- Yn El Calafate, yng ngwaelodion yr Ariannin. Roeddem yno i weld y rhewlifoedd rhyfeddol a dod ar draws Cymro Cymraeg yn byw yn Seland Newydd ers 40 mlynedd ond yn wreiddiol o Fronaber, 10 milltir o'n cartref yn Nolgellau. (Dwyryd Williams)
- Ynys Alcatraz, sydd yn agos i San Francisco. Cael sgwrs yn Gymraeg tra'n aros am y cwch i fynd yn ôl i'r tir mawr. (Eurwen Hulmston)
- Seland Newydd - yn Te Anau - clywed cwpwl yn siarad Cymraeg - o Ruthin (Wendy Parry)
- Ysgol Dre Caernarfon yn torri am yr haf pan on i yn y 6ed (tua 1969) a

mynd yn syth i Davos (Swisdir) ar wyliau teulu. Pwy oedd yn cerdded i lawr y stryd oedd y prifathro Ifor Davies! (Duncan Brown)
- Mewn 'Cable Car' yn y Swistir, mam yn cyfeirio at un o'r teithwyr eraill yn y cerbyd gan ddatgan "Dyna dyn bach salw!" Fe'n ymateb "Cymry da chi?" (Edward Howell Jones)
- Hwyr y nos yn Llundain ar ôl chwarae gig yng Nghlwb Cymry Llundain, a dyn di-gartref yn gofyn am 'chydig o bres, ac un o'r hogia yn digwydd dweud rhywbeth yn y Gymraeg. Roedd y dyn ar y stryd yn Gymro o Borthmadog. (Idris Jones)
- Mas ar wyliau ar ynys Santorini a chlywed pâr yn siarad Cymraeg dwy ford draw. Canfod taw y wraig aeth â rhai o ni, fois Jac y Do o ardal Rhydaman, lawr i Bwllheli un noswaith dros 20 mlynedd ynghynt pan oeddwn ni'n chwarae gig yn yr ardal! (Keri Morgan)
- Cwrddais i a ti yn Sabhal Mòr Ostaig (y coleg Gaeleg ar ynys Skye), Guto! (Simon Rodway)
- Mewn bar yn Times Square, Efrog Newydd. Daeth parti plu mewn wigs pinc i mewn yn siarad Cymraeg. Ro'n i'n arfer byw drws nesa i un ohonyn nhw – Siw Roberts – yn Llanfairpwll! (Elin Llwyd Morgan)
- Mewn bar yn Sydney a siarad Cymraeg efo ffrindiau a dyma 'na ddyn yn ei 80au yn dod aton ni a deud bod o wedi ein clywed yn siarad Cymraeg. Roedd ei fam a'i theulu wedi dod i Awstralia o Batagonia ac roedd o'n cofio eu clywed yn siarad Cymraeg efo'i gilydd. Doedd o ddim yn siarad yr iaith ond wedi deall ambell beth. (Hanna Llŷn)
- 2 le sy'n dod i'r meddwl, Athens yn Groeg codi'n gynnar un bore allan o'r babell a rhywun yn gweddi, "John Les be ddiawl wyt ti'n neud yma..." merch o Gaerdydd – yna yn y 90au yn Toronto, mynd i wasanaeth yn Eglwys Dewi Sant, gan ddisgwyl wrth gwrs y Gymraeg ond siarad efo bachgen ifanc 16 oed yn rhugl ei Gymraeg ac yn falch o hynny, ond erioed wedi bod i Gymru – Cymraeg oedd yn dal i fod iaith yr aelwyd yn Toronto. (John Les Thomas)
- Ron i'n dringo pyramid mewn coedwig yn Chichen Itza, Mexico yn 1996. Pan gyrhaeddais i y top, glywes i 5 o athrawon o Gaerdydd yn siarad Cymraeg. (Rhys Llewelyn)
- Ar y strip yn Las Vegas, 34th & Broadway yn Efrog Newydd a mewn bar tapas yn Sevilla. Ni ymhobman! (Siriol Gruffudd)
- Noson ddaru Lloegr ennill Cwpan y Byd yn 1966, roedd hogyn o Rhydaman a fi yn y Llynges allan yn Mombasa. Tua hanner nos a fel bol

buwch yn y goedwig, gofyn i Barry am ole i fy sigaret. Dim matsen a dechre rhegi pan ddoth llais hogan trwy y coed a dweud am beidio rhegi a cerdded at y llais!!! (J Gwynfor Jones)

- Gath mrawd yng nghyfraith ddamwain a anafu ei lygad. Triniaeth helaeth. Cwpwl o flynyddoedd wedyn cerdded yn Nepal. Oedd un o'r arbenigwyr yn rhannu lle aros hefo ni. (Dewi Evans)
- Top yr Empire State Building yn Efrog Newydd. Llond bws o'r Terfeliaid yna i weld Bryn yn pherfformio. (Kevin Davies)
- Ar wyliau yn Awstralia Roeddwn ar draeth hynod yn trochi ein traed yn y môr. Doedd dim enaid byw yn agos i ni heblaw tri o bobl ar y gorwel pell. Pan ddaethon nhw'n nes, sylweddolais mai Cymry oeddan nhw o Flaenau Ffestiniog. Un cwpwl wedi mudo i'r wlad a'r llall ar i gwyliau! (Gwyneth Ffrancon Lewis)
- Mewn mynwent Eglwys Rwsieg yn Sainte-Geneviève-des-Bois, de o Paris, tra yn chwilio am fedd yr arlunydd enwog Sergei Solomko, digwydd cyfarfod â Roger, Llydawr a oedd yn rhugl mewn Cymraeg! Clywodd fi yn mynegi fy anobaith o ffeindio'r bedd mewn Cymraeg clir gorllewinol. Bu mor garedig a dychwelyd i ffeindio'r bedd i mi ac anfon lluniau i Gymru. (Beryl Williams)
- Ar oil rig yn ne Brasil... Y superintendent yn dod i fynnu i'r Bridge yn Gofi Cymraeg! (Deian Jones)
- Roeddem ar lan llyn yn Ne Ffrainc pan oedd y plant yn ifanc, a'r plant yn ymdrochi yn y dŵr. Fe ddywedodd y mab ieuengaf i fod o ishio pi pi, a finna'n gweiddi'n goman i gyd "Pisa yn y llyn washi" (Llio Meirion)
- Yn y Grand Canyon. Dwy chwaer o Fôn yn eistedd ar fainc yn trafod sandalau newydd roeddan nhw newydd brynu. Ninnau yn dweud... Dewis da. Maen nhw yn siwtio chi. Roedd eu hwynebau yn bictiwr!! (Anita Butler)
- Yn New Plymouth Seland Newydd yn 1994. Cerdded i fewn i dafarn a pwy oedd yno ond neb llai na Dai Jones Llanilar yn ffilmio Cefn Gwlad am Tudor Evans. Hefyd Geraint Rees, Mal Williams ac Aled Gray. Wel am sesion. (Wil Davies)
- Clywodd mam hanes cefnogwyr rygbi yn gweld offeiriad a barf hir gwyn ar strydoedd Paris a galw "sy'mai Siôn Corn" arno a hwnnw yn ymateb "yn iawn diolch sy' dach chi?" Cymeryd mai'r tad Deiniol ydoedd! Cymeriad o offeiriad yn yr Eglwys Roegaidd, o Flaenau Ffestiniog. (Idris Jones)

Cynllwyn (cinllwn)

Mae *Geiriadur Prifysgol Cymru* yn nodi bod modd defnyddio hwn fel rhyw air dirmygus ysgafn, efallai oherwydd y gellir ei ddefnyddio yn lle *cythraul* pan fo'r melltithiwr eisoes wedi cychwyn ar *cy...*!

Ymddengys mai dim ond yng Ngheredigion, Penfro ac ym Maldwyn mae'n gyfarwydd, a dyma'r enghreifftiau a gychwynnodd y sgwrs:

- Mae'n ginllwn / ginllwng o o'r. (Yn oer iawn / yn finiog o oer)
- Mae e'n ginllwn / ginllwng o foi. (Dyn annymunol / cas)
- Ti'n hen ginllwn / ginllwng bach heddi'. (Yn ymddwyn yn ddrygionus / wael)

Chwimiad (ISF 134, WVBD 332)

Dyma air o Fôn a'r cyffiniau am *'to budge'*, un sydd ar fin diflannu o'r tir. Cofiaf innau hen bobl yn ei ddefnyddio o gwmpas Llanfairpwll. Nododd un actor assiffetaidd amlwg y byddai'r genhedlaeth hŷn yn ei ddefnyddio (gan ei gynnwys ei hun) ond ei fod wedi marw bron. Rhoddodd yr enghraifft "ysgwydis i o, ond toedd na'm chwimiad yno fo".

Chwithio

Gair yn ne Meirionnydd a Maldwyn am *dychryn* ydi *chwithio*. Mae tarddiad y gair *chwith* braidd yn anhydrin, ond mae'n bosibl nad *'left'* oedd yr ystyr gynharach, ond rhywbeth fel *chwithig* neu *annymunol*. Meddyliwch am y gair hwn mewn gwirionedd, am bethau fel *mynd o chwith*. Nid *'going left'* yw hyn ond 'mynd o'i le'. Efallai mai *aswy* oedd y gair arferol am *left*. Efallai fod rhai ohonoch yn cofio am y *llaw aswy* Beiblaidd. Nid oes geiriau cytras yn yr ieithoedd Brythoneg eraill, ond mae gennym air arall, sef *cledd*. Ac mae hwn yn digwydd fel *'kleiz'* yn y Llydaweg, *'cledh'* yn y Gernyweg a *'clé'* mewn Gwyddeleg Canol. Mae'r Lladin *'cliuius'* (anffafriol) hefyd yn perthyn, oll o'r gwreiddyn *klei- 'plygu' (arglwydd, clwyd, Clwyd etc.). Os edrychwch ar yr haul yn codi, mae eich llaw chwith tua'r go-<u>gledd</u>. Bid a fo am hyn oll mae'n amlwg bod cryn wamalu rhwng yr ystyron *chwith* a *chwithig*, a gallwch gyferbynnu hyn â De, dehau, deuheuig a drafodwyd yn *Amrywiaith 3*.

Dadwisgo

Dechreuwn yn y Gogledd oherwydd yma mae'r sefyllfa yn ddigon eglur – *tynnu amdanynt* fydd Gogs cyn mynd i'r gwely. Y gorchymyn fyddai

Tynn(a) amdanat! Gwisga amdanat fyddai'r ffurf groes. Yng Nglynceiriog, yn y dwyrain, cawsom *datod am.*

Os awn i'r de o Fro Ddyfi y gair yw *matryd*, er bod ambell un yn nodi *matru*. *Datryd* a geir yn Nhyddewi, a chawsom un enghraifft o *detryd*. Fwy i'r De a'r Gorllewin y gair yw *stripo*, gyda *strwpo* ym Mrynaman ac i'r dwyrain. Yng nghymoedd y dwyrain clywir *taclu* am wisgo.

Mae *dadwisgo* yn weddol hysbys yma ac acw, ond byddwn i'n amau mai dylanwad yr iaith lenyddol sy'n gyfrifol. Dim ond ddechrau'r ail ganrif ar bymtheg y digwydd y gair hwn ar glawr am y tro cyntaf, ac mae lle i amau mai calc ar y Saesneg *'undress'* yw.

Symleiddiad o *dihatru* yw *datryd*, gyda'r terfyniad berfol *-yd*. Daw hwn o *di-hatru*, a'r bôn o'r Saesneg *'hater'* (to clothe, attire). O roi *ym-* o'i flaen cafwyd *ymddihatru*, ac o hwn y daw *matryd*.

O ran *gwisg* mae gennym y Llydaweg *'gwisk'* a'r Hen Gernyweg *'guisc'*. Daw hwn o'r bôn Proto-Indo-Ewropeg *$u\underline{e}sk\bar{a}$, a ddaw o'r gwreiddyn *$u\underline{e}s$- 'dilladu', sydd i'w weld yn y Lladin *'vestis'*. Mae'r gair Lladin hwn i'w weld yn *'invest'*, *'transvestite'* (un sy'n gwisgo'n 'groes'). Mae i'w weld hefyd yn enw'r dilledyn *'vest'*, a *'vestry'* (lle byddai offeiriaid yn rhoi eu dillad priodol amdanynt). Mae'r gair Saesneg *'wear'* hefyd yn tarddu o'r gwreiddyn hwn. Mae'r gair *datod* yn tarddu o *dad+-dodi* (gosod). O ystyried hyn hawdd gweld pam y mae'n golygu tynnu dillad ymaith, os nad yw'n dod o'r syniad o ddatod clymau dillad. Yn y Llydaweg ceir *tennañ dilhad ac en em ziwiskañ*.

Danadl Poethion

Er mwyn symleiddio'r holl amrywiadau bu raid i Alan R. Thomas, golygydd *The Linguistic Geography of Wales*, nodi nifer o ffurfiau dan un sillafiad. Ceir, ar dudalen 139, drafodaeth feistrolgar o'r amrywiadau ac fe wnaf eu crynhoi isod.

Ond cyn hyn mae angen inni gadarnhau'r ffurf Gymraeg wreiddiol. Y ffurfiau cynharaf sydd gennym yw: *danhaden* (13g), *danat* (14g), dynat (c. 1400). Dyddiadau llunio'r llawysgrifau perthnasol yw'r rhain ac mae rhai o'r enghreifftiau yn dyddio o ddarnau a gyfansoddwyd yn gynharach. Ond bid a fo am hynny, mae hyn yn ddigon i gadarnhau mai danad oedd y ffurf Gymraeg wreiddiol. Mae modd ymchwilio yn bellach i hyn trwy edrych ar y ffurfiau yn yr ieithoedd Celtaidd eraill. Mewn Hen Gernyweg cawn *'linhaden'*. Noda GPC bod modd egluro hwn trwy i'r Gernyweg ailddehongli'r enw fel *lin+had* (*llin* a *had*) gan gofio bod i'n planhigyn ni debygrwydd i *lin* (*flax*) oherwydd y ffibrau hirion sydd yn y coesyn. Digwyddodd rhywbeth tebyg gyda'r gair Llydaweg 'linad'. Y gair Gwyddeleg Canol '*nenaid*' sy'n caniatáu inni ailffurfio'r ffurf Broto-Gelteg, sef **ninati-*. Ond pam y mae hwn wedi rhoi *danad* mewn Hen Gymraeg? Efallai bod cliw yn y ffurf *danhaden* uchod. Mae'r clwstwr *-nh-* yn y safle hwn fel arfer yn tarddu o *-nt-*. Meddyliwch am *da<u>nt</u>* a *da<u>nh</u>eddog*. Felly tybed ai dylanwad y gair *dant* a barod newid *nynad yn **danhad(en)*, gan feddwl am y pigiadau fel dannedd. Gweler isod am hyn. Ond rhaid cofio y byddem yn disgwyl **dannat mewn Cymraeg Canol petai dylanwad *dant* yn ddiysgog. Mae'n bosib bod dadfathiad yn elfen gref yma hefyd, sef yr awydd i osgoi *n-n-*. Yn wir digwyddodd hyn yng Ngaeleg yr Alban lle cawn *deanntag o nenaid*. Ond beth am y ffurf *danadl* a welwn am y tro cyntaf yn *Llysieulyfr Meddyginiaethol* enwog William Salisbury a gyhoeddwyd yn yr unfed ganrif ar bymtheg. Wel, yr ateb yw trwy gydweddiad â bana<u>dl</u>. Ydi hyn yn glir fel mwd? Callach llunio siart fach:

Proto-Gelteg **ninati-*	Gwyddeleg Canol	Gaeleg	Brythoneg	Llydaweg & Cernyweg	Cymraeg
	nenaid		*nɨnad		
		deanntag		*linad*	*dynad*
					dannad
					danadl

Byddwn i'n amau i'r ffurfiau amrywiol oll ddeillio o'r rhain. I'r unrhyw ieithegydd a ddarlleno hwn, maddeuwch imi am fod yn fentrus a symleiddio ychydig.

Beth am inni geisio rhoi rhyw drefn ar yr holl amrywiadau a nodwyd ledled y wlad? Hwn efallai yw'r planhigyn gwyllt y mae plant fwyaf cyfarwydd ag ef oherwydd inni oll gael ein pigo wrth godi pêl-droed o glawdd neu wrth ddringo dros gamfa. Efallai mai hyn sy'n egluro'r amrywiaeth. Fe'i gwnaf fel rhestr oherwydd na allaf feddwl am ddull llai blêr.

Dalan poethion – Môn, Nantlle, Dolwyddelan, Maldwyn, Bethesda, Dolgellau, Caernarfon, Y Bala, Conwy, Taliesin, Dyffryn Ceiriog, Rhyduchaf, Tywyn (Meirionnydd), Pantpastynog, Sir Drefaldwyn; Trevelin (Y Wladfa), Llwyngwril, Marchwiel, Llangadfan, Sir Gâr

Dalan pwythion – Llangefni
Dalen poethion – Y Rhyl, Sir Ddinbych, Ynys Môn, Eglwysbach
Dana poethion – Nanmor, Trawsfynydd, Dolgellau
Danal poethion – Tregarth/Bangor, Rhyd-y-foel, Llanbedrog
Dynal poethion – Môn
Dail poethion – Y Bala, Abererch, Llanilar, Pistyll, Clynnog Fawr, Môn, Sarn Mellteyrn, Pen Llŷn, Harlech, Corwen, Dyffryn Camwy, Dyffryn Conwy, Llangefni, Porthmadog, Trefor, Eifionydd, Bangor, Cricieth, Edern, Mynytho, Llanllyfni; Aberteifi, Aberystwyth, Llan-non (Ceredigion), Tregaron, Blaendulais, Cwm Tawe, Tregaron, Bron-nant, Llanfihangel-y-creuddyn, Sir Gâr
Dail poeth – Corwen, Nefyn, Brynaman, Pwllheli
Tail poethion – Pwllheli
Talan poethion – Môn ac Arfon, Dinbych, Rhuthun, Dyffryn Conwy, Bethesda, Gwaenysgor, Bryneglwys
Talan pwythion – Arfon, Gwalchmai
Talarn poethion – Arfon, Rhyd-y-foel
Dalion poethion – Sir y Fflint (ISF 106), Moelyci, Rhyd-y-main, Groeslon, Coedpoeth, Llangernyw, Ponciau a Rhos
Dailion poethion – Sir Ddinbych
Dalian poethion – Rhosllannerchrugog, Môn, Rhyd-y-main, Dyffryn Banw
Dalon poethion – Glynceiriog, Mawddwy, Pentraeth, Sir y Fflint, Dinas Mawddwy, Llanfechell
Talion poethion – Edeirnion, Y Bala
Talon poethion – Rhuthun, Sir Ddinbych, Corwen, Glynceiriog, Y Bala, Sir y Fflint, Dyffryn Tanat
Dala Poethion – Blaenau Ffestiniog, Porthmadog, Penrhyndeudraeth, Llanberis, Eifionydd, Nefyn, Llanfrothen, Trefor, Dyffryn Nantlle, Meirionnydd, Tudweiliog, Mynytho
Tala poethion – Trawsfynydd, Sir Gâr
Deilion poethion – Nefyn, Caernarfon, Ponciau a Rhos
Dalar poethion – Arfon, Croesor, Llangybi, Caergybi, Bethesda, Talsarnau, Porthmadog
Tafal poethion – Llangernyw
Tafol poethion – Y Bala
Dannadd poethion – Tanygrisiau, Y Bala, Beddgelert, Ffestiniog
Dannedd poethion – Bermo, Llanelli, Llambed, Gwauncaegurwen
Dail y poethion – Ceredigion

Dail poethion – Llambed
Dail poethon – Llanddewi Brefi
Dinad – Aberteifi, Cwm Gwaun, Gogledd Sir Benfro, Llandyfrïog, Llandysul, Betws Ifan, Llangrannog, Boncath, Eglwyswrw, Llandysul, Capel Iwan, Tyddewi, Llandysul, Llandudoch, Castellnewydd Emlyn, Brynhoffnant, Cwm Gwaun, Cwm Tawe, Crymych, Saron (Llangeler), Dre-fach Felindre, Llandysul, Llandudoch, Pont-siân, Mynachlog Ddu, Ffostrasol, Caerfyrddin, Aber-cuch, Pencader, Henllan, Pen-parc
Dinod – Maenclochog, Llanboidy, Hermon, Sir Benfro
Dined – Pencader, Sir Gâr
Danad – Llambed, Cwmaman
Danod – Pontardawe
Dyned – Llanelli, Llangyfelach, Gwauncaegurwen
Dynad – Ffostrasol, Cellan, Betws Ifan, Pontardawe, Llandudoch, Llanarth
Dynent – Cwm Gwendraeth, Rhydaman, Castell-nedd, Llanymddyfri, Gorslas, Llanllwni, Clydach, Bancffosfelen, Dyffryn Tywi, Glanaman, Cil-y-cwm, Dyffryn Ceidrych, Llandeilo, Pontarddulais, Llanpumsaint, Gwynfe, Pontyberem, Llanymddyfri, Rhydaman, Cil-y-cwm, Dyffryn Tywi, Castell-nedd, Dre-fach (Llanelli), Cwm Wysg
Dinent – Cwm Gwendraeth, Llanllwni, Pontyberem, Llanymddyfri, Rhydaman
Dynad poethion – Bwlch-llan, Llambed
Dynad poethon – Llambed, Pencarreg, Blaenau Morgannwg, Caerwedros, Cwrtnewydd
Dinadl poethion – Cwm Afan
Dinad poethion – Cribyn, Llambed
Dinod – Pwll Trap, Sir Benfro. Clunderwen, Maenclochog, Cwm-bach, Hendy-gwyn, Crymych
Dyned poethion – Llanddewi Brefi
Danad poethion – Llambed, Ceredigion
Dynadl – Yr Hendy
Drined – Ystradgynlais, Betws, Rhydaman
Drinid – Cwmafan
Drynad – Is-caeach
Drynent – Cwm Gwendraeth, Hendy-gwyn
Drynen/drinent – Dail Tafol -(tafodiaith Rhan Isaf Dyffryn Llwchwr (1958)

Drynaint – Hendy-gwyn
Danent – Llansadwrn (De)

Danadl poethion – Dolgellau, 'Stiniog, Trawsfynydd, Llanfachreth (Meirionnydd), Cynwyd, Wrecsam, Sir y Fflint, Dyffryn Clwyd, Castellnedd, Cwm Tawe. Hon yw'r ffurf 'swyddogol' ac mae'n amlwg ei bod yn ennill ei phlwyf yma ac acw, ar draul y ffurfiau lleol – yn enwedig gan y to iau, ac mewn cymunedau lle collwyd Cymraeg brodorol.

Nododd sawl un fod mwy nag un amrywiad yn gyfarwydd, gyda llawer yn nodi dylanwad rhieni o ardaloedd eraill. Mae'n ymddangos bod *dalan poethion* yn gyfarwydd bellach yn y De. Fel y gwelwch mae pob math o ddylanwadau ar waith yma e.e. dylanwad *dannedd* a *dail* a *tafol* a *drain*, colli *-n* ar ddiwedd gair. Mae llawer o newidiadau seinegol fel amrywio o/a ac y/i a chaledu *d-* yn *t-*. Gellir cymharu *oe* > *wy* gyda'r *pwyri* (poeri) gogleddol. Ychwanegiad yw'r *poethion*, am resymau amlwg, ond ni wn pryd y cafodd ei ychwanegu. Efallai ei bod o gymorth i ddangos y gwahaniaeth â *dail*.

Nodwyd ffurfiau plant yn ogystal:

Pigots – Cwm-gors *Picwns* – Cwm-twrch
Pigwns – Rhydaman *Pigos* – Amlwch, Caernarfon
Prigins – Caergybi *Pigogs* – Môn, Tregarth

Mae'r holl amrywiadau a'r blerwch symudol a'r cymysgu cyson yn enghreifftio'n wych sut mae ieithoedd yn gallu newid a sut y gall y werin ailddehongli ac ailffurfio. Dengys hefyd sut y gall ffurfiau swyddogol, er na buont erioed yn gyffredin, ddod i ddisodli ffurfiau'r iaith lafar. Meddyliwch am y ffurf Broto-Gelteg **nenati-* (mae'n ddigon posibl mai hyn a ddywedai Uercingetorix a Boudica) a sut a pham y newidiodd dros y canrifoedd. Un peth arall... mae'n bosibl bod **nenati-* hefyd yn perthyn i'r elfen sydd yn y Saesneg *nettle*. Os felly byddai'n tarddu o wreiddyn Proto-Indo-Ewropeg **neh²t/d-* sy'n golygu 'clymu'. Hynny yw, gall gyfeirio at deulu o blanhigion sy'n llawn ffibrau hir. Os felly byddai'n perthyn i deulu mawr o eiriau megis *annex*, *connect*, *nexus*, *node* (Lladin) a *noose* (Saesneg) y ddau olaf yn y pen draw o'r Lladin *'nudus'* (cwlwm).

Difiau (ISF 115)

Mae *Difia* neu *Difie* (am *Dydd Iau*) yn hysbys o Lŷn i Rosllannerchrugog. Ymddengys mai yn Llŷn ac yn enwedig ym Môn yn unig y mae'n gyffredin o hyd. Nododd llawer eu bod yn gyfarwydd â'r gair ond ddim yn ei ddefnyddio – gair yr hen do yw, rhywbeth y byddai nain yn ei ddweud. Daw hwn o'r hen air *diw* am 'dydd'. Wna i ddim rhoi'r manylion dyrys oll yma, ond nodaf mai'r un elfen yw ag yn *he-ddiw* (y dydd hwn). Mae'r *he-* hwn i'w weld yn *heno(eth)* a *(h)eleni* hefyd.

Dressing Gown

Rhaid imi gyfaddef, er mawr gywilydd imi, mai'r ffurf Saesneg uchod sy'n gyfarwydd i mi, ond ymddengys fod ambell derm mwy brodorol ar lafar gwlad.

Nodwyd *côt nos* (Blaenau Ffestiniog, Llŷn, Môn, Dyffryn Aman), *côt bore* (Dyffryn Nantlle), *siaced nos* (Blaenau Ffestiniog), *gŵn (g)wisgo* (Cymoedd, Ceredigion, Sir Gâr, canol Môn), *côt llofft* (Caernarfon).

Mae'n ymddangos nad oes ffurfiau safonol na lleol cwbl reolaidd wedi sefydlogi hyd yn hyn.

Drygiog

Dyma air y deuthum ar ei draws wrth ddarllen *Llyfr Mawr Hwyl* gyda fy meibion bach. Roedd llun o'r mochyn Porci wedi taflu afal at helmet y plismon. Mae'n dipyn mwy difrifol na direidus. Gair yw hwn sy'n gyfarwydd yng Nghanolbarth Cymru, ym Maldwyn ac o Ddolgellau i'r dwyrain. Ymddengys fod drygionus yn ddigon cyffredin ledled y wlad, a castiog yn Sir y Fflint. Mae'r ffaith bod Ifor Owen, y golygydd, yn trigo yn Llanuwchllyn yn egluro pam y mae nodweddion y dafodiaith leol yn amlwg mewn rhai straeon.

Digwydd geiriau cytras yn yr ieithoedd Celtaidd eraill: '*drog*' (Cernyweg), '*drouk*' (Llydaweg) a '*droch-*' (Gwyddeleg). Mae hyn oll yn ein galluogi i ailffurfio'r gair Proto-Gelteg **druko-*. Cynigiwyd bod hwn yn tarddu o'r Broto-Indo-Ewropeg **dʰrewgʰ-* 'twyllo' (IEW 276), ac y gellid felly ei gymharu â'r Almaeneg '*Trug*' (twyll). Ond os felly byddai'r datblygiad yn afreolaidd gan fod y ffurf Broto-Gelteg yn mynnu tarddiad yn *-k* yn hytrach na *-g*.

Dwyn[8]

Ystyr wreiddiol y berfenw hwn oedd 'arwain, cario', a dyna yw ystyr y gair Llydaweg cytras *'dougen'* hyd heddiw. Mae hwn wedi ei ailffurfio ar sail y bôn berfol a welir yn y Gymraeg *dwg-*. Mae'r ystyr hon i'w chael mewn llu o ymadroddion fel *dwyn arfau* a *dwyn i ben*. Dim ond yn ddiweddarach y magodd yr ystyr 'dwyn ymaith yn anghyfreithlon'.

Mae llu o amrywiadau ar ffurfiau'r gair hwn. Ar y cyfan *dwyn* sydd yn y Gogledd, a *dwgyd* yn y De. Bydd Gogs y Gogledd-orllewin yn dweud *nath o ddwyn, ddaru o ddwyn*, ond hefyd mae *dwynodd* yn digwydd yma ac acw. Dim ond yn Rhosllannerchrugog yn y Gogledd y nodwyd y ffurf *dygyd*. Yn y De y bôn yw *dwg-*, felly cawn bethau fel *dwges i'r arian, dwgodd hi'r car*. Os awn draw tua Morgannwg cawn y caledu nodweddiadol felly'r bôn yno yw *twc-*. Yng Ngheredigion nodwyd *dygyd* a *dygu* a *dwgyn*. Nododd un iddo glywed y canlynol gan blant yn Rhydaman: *dwgy', twgyd, twcyd*, a *twcy*.

Dwg – Nododd nifer o Ogleddwyr eu bod yn gyfarwydd â'r ffurf trydydd person hwn, o'r dywediad *A ddwg wy, a ddwg fwy* a hefyd o'r emyn 'Pwy â'm dwg i'r ddinas gadarn...'.

Sut mae gwneud synnwyr o'r holl amrywiadau hyn? Rhaid cychwyn gyda'r bôn Proto-Gelteg, sef **duk-*. Er mwyn llunio berfenw o hwn ychwanegwyd *-n* gan roi **dukn-*. Erbyn cyfnod Cymraeg Hynafol roedd hwn wedi datblygu'n 'dwyn'. Ffurf y bôn oedd yr amrywiad **duk-* ac o hwn daeth bôn y presennol, sef *dwg*. Mewn Hen Gymraeg roedd yr acen bwys ar y sillaf olaf, ac felly gwanhawyd *w*, a oedd yn ddiacen, yn *y*-dywyll. Felly cafwyd ffurfiau fel *dygodd*. Hen ffurf ar y trydydd person unigol gorffennol oedd *dug* (< **deuk-*?). Mae Ceiriog yn ei gamddefnyddio yn y gerdd 'Nant y Mynydd'. At y bôn *dwg* ychwanegwyd y terfyniad berfenwol *-yd* (fel ag yn *cwrddyd, dihengyd, dychwelyd*), gan roi *dygyd*, ond bu i'r ffurf 3ydd person, *dwg*, ddylanwadu arno gan roi *dwgyd* ac ati.

Rhoddodd y gwreiddyn Proto-Indo-Ewropeg **deuk-* y ffurf Ladin *'duc'* (cludo) ac mae hwn i'w weld yn y geiriau Saesneg a addaswyd o'r iaith honno e.e. *'abduct, aqueduct, conduct, educate, product* ac ati. Mae i'w weld hefyd yn *'dux'* (bôn *'duc-'*) a roddod *'duke'* yn Saesneg. Aeth y gwreiddyn Lladin hwn i'r ieithoedd Germaneg gan roi *'docke'* mewn Isalmaeneg Canol. O hwn daeth y gair Saesneg *dock* ac wedyn y Gymraeg *doc*, am le i lanio cychod. Mae'r gwreiddyn i'w weld yn y Saesneg *'team'* (Proto-Germaneg **tau(h)maz*), *'tie'* (yr hyn a glymir ynghyd) a *'tow'* (tynnu gyda rhaff neu gadwyn).

---

[8] Os ydych am y rhediad cyfan ewch i'r Gweiadur: https://www.gweiadur.com/berfiadur/dwyn

Ebychiadau a Llwon

Beth fyddwch chi'n ei ddweud i fynegi syndod? Mae'r Gymraeg yn gyfoeth o ymadroddion bachog, ond sylwch nad yw llawer yn gwneud synnwyr. Y gwir yw bod nifer yn tarddu o eirfa grefyddol, hen lwon mewn rhai achosion, a chan na ellid cymryd enw'r arglwydd yn ofer byddid yn eu newid rywfaint. Disodli tabŵ yw hyn, neu addasu tabŵ yn hytrach, fel ag yn y Saesneg *sugar* neu *shoot* am *shit*.

Dyma rai cyffredin yn y De:
Argol Dafydd (Brynaman); *Caton pawb, Yffach gols, Diawl eriod, Myn jagwst i* (Canolbarth Ceredigion, FWI 145); *Teyrn caton pawb, jiw jiw, hawyr bach, Bobol bach; y Tad Tirion* (Tre-boeth), *iesgyrn Dafydd, Bois bach; Moses y garon* (Maenclochog); *iyscryn Dafydd, iyscryn post, iyscryn briw* (Cwmafan); *Yr achlod fawr, Brenin y brenhinoedd, Yr uwd a redodd, Fy ngwirionedd i, Ngenadd i, Gwared y gwirion, Iysgaith dân, Cachu hwch, Myn brain i; Crismas Ifans* (Castell-nedd); *Dïein eriôd, Mari Jones o'r Bala* (Preseli); *Myn cacs i, 'N enw'r Tad; Rasmws Dafydd, Be gythgam?, daria, iechydwriaeth; Iechyd y byd* (Dryslwyn), *Gogoniant, Arswyd y byd* (Castellnewydd Emlyn), *Crist o'r North*. Ym Mlaenau'r Cymoedd (BIBC) nodwyd *Y jawl ymyto* (â'm byto (bwyto)).

Ac yn y Gogledd:
Brensiach y bratia (a'r traed drwy sgidia), *Brensiach annwyl, Wannwyl dad, Paid â deud, Ewadd annwl* (dad), *Bobol annwl, Esgob Dafydd, Nefi blw a Nefi wen, Nefoedd yr adar, Myn Diân i, Brenin annwyl, Brenin mawr, Nefoedd fawr, Nefoedd wen, Cer o' ma, Duwedd annwyl, R'argian fawr, R'argol fawr, Mawredd, Iesgob Dafydd!, Hogia bach; Ar f'enaid i* (Môn); *Myn uffar i, Myn diawl, O Mam bach, Yffarn dân, Arglwydd mawr, Grasusa, Diawch erioed, Iesu Grist o'r Sowth, Coc y gath, Myn coblyn i, Duwcs, Asu, Be gythraul?, Iesu Goc, Arglwydd mawr, Rargoledig, Cachu Mot, Be ddiawch?, Be gythraul; Moses ag Aron, 'Tawn i'n llwgu, 'Tawn i'n marw* (Dyffryn Clwyd); *Dusw bach* (Duw Iesu bach), *Myn blaidd* (Nanmor); *Duw â'n gwaredo; Ar f'encoes, Moses y tade; Bendith y tade* (Pontarddulais), *Rachlod fawr, Myn cebyst i; Gocs y bo* (Glynceiriog); *Poeth y bo fo/hi/chdi* (Arfon), *Go drapia,*

    Rhaid ychwanegu *Raslas bach a mawr* (Syr Wynff ap Concord y Bos), ac *Assiffeta* (Arthur Picton).

Fel y gwelwch mae'n debyg mai addasu geirfa grefyddol a wneir yma e.e. *nefoedd > nefi (blw), Iesu > Iesgob, Brenin > brensiach, Uffern > yffach,*

Duw(oedd) > *ewadd* (?), *diawl* > *diawch*, *Arglwydd* > *argol*, *Duw Duw* > *jiw jiw*, *cythraul* > *cythgam*. Daw *Go drapia* o'r llw Saesneg Canol '*God rap ye* (you)'.

Fflich

Dyma air y Gogledd-orllewin, o Fethesda i Benrhyndeudraeth, am daflu rhywbeth yn gwbl ddiseremoni. Dim ond yn 1982 digwydd y gair am y tro cyntaf mewn print, a hynny yn y cylchgrawn *Barn*. Ni wyddys o ble yn union y daw, ond mae *Geiriadur Prifysgol Cymru* yn amau mai'r bôn yw *lluch*, ddylanwadwyd gan y gair Saesneg *fling*. Mae'n syndod bod gair mor hysbys heb ei ysgrifennu cyn y flwyddyn uchod. *Ffleng* yw'r ffurf a nodwyd yn y De.

Ffon, ffyn, ffone

Ffyn yw'r unig luosog yn y Gogledd a'r un mwyaf cyffredin yn y De, ond yma hefyd mae'r ffurf *ffone* i'w chlywed gan lawer iawn. Nododd sawl un mor gyffredin yw sôn am *ffone bagle* '*crutches*' gyda'r lluosog yn y ddau air. Tybed a fu rhyw ddylanwad o'r cyfuniad hwn.

Efallai nad yw'r rhan fwyaf ohonom yn ei sylweddoli ond mae ffurfio'r lluosog yn y Gymraeg yn faes digon dyrys ac mae sawl dull o'i wneud e.e. *buwch/da, cath/cathod, dyn/dynion, llyn/llynnoedd, car/ceir, tŷ/tai, troed/traed, drws/drysau, papur/papurau, braich/breichiau, amlen/amlenni, cân/caneuon, meddyg/meddygon, athro/athrawon, cawr/cewri, tir/tiroedd*, merch/merched, *gwraig/gwragedd, gwlad/gwledydd, blaidd/bleiddiaid, carreg/cerrig, cneuen/cnau*. I ddysgwyr mae'r caleidosgop o ddulliau yn ddychryn pan fo'r Saesneg yn dynodi'r lluosog gyda –(*e*)*s* yn unig. Hawdd deall pam y mae tueddiad i geisio cysoni. Nid oes unrhyw reswm amlwg pam mai *ffyn* yw lluosog *ffon*, ac i ddeall hyn byddai'n rhaid edrych yn ôl i gyfnod y Gelteg, fil a hanner o flynyddoedd yn ôl. Y lluosog yr adeg honno oedd **fonī*. Ymdebygodd yr *o* i'r *i*-hir ar y ddiwedd gan roi **finī*. Pan gollwyd y terfyniadau gramadegol hyn tua'r bumed ganrif fe'n gadawyd gyda **fin*, sef *ffyn* mewn Cymraeg cyfoes. Y terfyniad lluosog mwyaf cyffredin yw -*au*, sef -*e* ar lafar yn y De. Cydymffurfio â hyn a wna *ffone*, ond mae'n amlwg nad yw wedi disodli *ffyn* o bell.

Ond beth am darddiad *ffon*? O'i gymharu â'r gair Gwyddeleg cytras '*sonn*' mae modd ail-lunio'r gair Celteg cynnar **sfond-*. Collwyd yr *s*- yn y Frythoneg ac mae'r ddwy *n* yn adlewyrchiad o'r *-nd-*. Os awn yn ôl ymhellach i Broto-Indo-Ewropeg mae modd ail-lunio **spondh-* (NIL 626).

Yr ystyr fyddai rhywbeth fel 'sglodyn o bren', hynny yw tamaid wedi ei dorri ymaith. Mae hwn i'w weld yn y gair Hen Saesneg *spōn*, ac erbyn heddiw y ffurf yw *'spoon'*, felly mae *ffon* a *'spoon'* yn eiriau cytras.

Go-cart
Syndod i mi oedd bod cynifer o eiriau ledled y wlad. Y *go-cart* Saesneg yn unig glywais i yn Llanfairpwll, ac mae'n digwydd yma ac acw mewn mannau eraill. Ond yn Arfon a Sir Ddinbych *tryc* sy'n arferol. Cafwyd *tryc gwthio* yn Llangaffo (Môn) ac yn Llŷn cafwyd *tryc traed*. Yng Nglynceiriog mewn *troli* byddai plant yn gwibio o gwmpas y strydoedd. Ym Mhenrhyndeudraeth *gamsi* ydi'r gair, a chafwyd *cargo* ym Mlaenau Ffestiniog. *Cart bach* sydd yng Ngheredigion a Sir Gâr, a *cart cudo* ym Mrynaman. Nodwyd *bongi (bong-gi)* ym Maesteg ond ceir *gambo* hefyd yn y cymoedd. Ni wn o ble daw *gamsi*, ond tybed a ddaw *bongi* o *'buggy'*.

Godre
Efallai fod y gair hwn yn gyfarwydd i lawer mewn enwau lleoedd fel Godre'r Garth neu Godre'r Graig, ond mae'n ddigon byw yma ac acw yng Nghymru. Yr ystyr yw gwaelod, a dim ond mewn dau gyd-destun yr ymddengys ei fod ar lafar. Yn gyntaf yn ddaearyddol fel ag yn *godre'r mynydd* neu *godre'r graig* a bydd pobl Llambed yn sôn am 'godre'r sir/shir' wrth gyfeirio at ardal Aberteifi. Nododd un 'Fy wncwl a 'nhad o Gilcennin yn ei ddefnyddio yn reolaidd. 'Lawr yn y godre'.

Yr ail ddefnydd yw am bethau wedi eu gwneud o ryw ddefnydd e.e. sgert, ffrog, trowsus, ffedog, côt a llenni. Gallai rhywun er enghraifft ddiawlio bod 'godra 'nhrwsus yn 'lyb' ar ôl cerdded drwy bwll o ddŵr (Bangor). Bydd rhai yn defnyddio *godre* wrth wnïo i gyfeirio at waelod sgert *(hem*, yn yr iaith fain).

Mewn mannau yn y Gogledd sonnir am *llodra trowsus* ond *godra sgert*. Gall gyfeirio at wallt hefyd. Y lluosog ym Môn ydi *godreuon*.

Gogru (ISF 163)
Wel wir, mae cryn dipyn o amrywio ledled y wlad, a chryn dipyn o gymysgu hefyd. Mae'r ferf yn dibynnu ar natur a maint y teclyn. Mae *rhidyllu* a *hidlo* yn y De. Yn y Gogledd gellir *gogru lludw neu gerrig efo gogor*, ond byddid yn *hidlo llefrith* ar ôl godro. Yn Llŷn bydd *rhidyllu blawd â rhidyll*, yn Uwchaled *hidlo*. *Gogor* ar gyfer pridd a'r ferf yn y Gogledd-orllewin eithaf yw *gogrwn*, neu *gogrwng* yn Llŷn ac Arfon. *Gogrwn* bydd

Monwysion yn ei ddweud am 'blant yn dal dŵr i mewn yn lle mynd i'r tŷ bach'. Ond mae rhai yn dweud *gogro*. Mae ambell un yn cyfaddef â chywilydd eu bod hefyd yn dweud *sifio*!

Shifo 'da'r shife Llandybïe, *gwagru gyda gwagar* a *rhidillio gyda rhidyll* yng Ngheredigion. Yn Sir Gâr nodwyd *hiddlo gyda hiddil*. Sylwch fod rhan helaeth or De wedi troi *-dl-* yn *-ddl-*, fel ag yn yr ynganiad *wheddel* am *chwedl*.

Y ferf Lydaweg yw *'silañ'* ac mae hwn yn gytras â *hidl* yn y Gymraeg. Ystyriwch am eiliad, ac wedyn fe egluraf. Y gair am y teclyn hwn yw *sizl*. Collwyd y *z* mewn Llydaweg Canol gan roi'r gair modern *'sil'*. Daw'r *z* hon o / ð/, hynny yw ein *dd* ni. Hynny yw mae **siddl* mewn Hen Lydaweg yn cyfateb i *'hiddl'* yn Ne Cymru. Ond beth am y gyfatebiaeth rhwng *s-* ac *h-*? Wel, yn fan hyn datblygodd *s-* ddechreuol y Gelteg fel arfer yn *h-* yn y Gymraeg. Mae afon fawr enwog yn Lloegr a gwyddom ei henw yn y cyfnod Celtaidd neu Rufeinig, sef *Sabrina*. Trodd hwn yn *Hafren* yn y Gymraeg, ond mae'n amlwg i'r Saeson fabwysiadu'r enw cyn y newid hwn yn y Frythoneg, neu ei fabwysiadu'n uniongyrchol o'r ffurf Ladin.

Ond felly pam y mae gennym barau fel *sil* 'had' a *hil* 'poblogaeth'? Edrychwn ar yr Wyddeleg a Gaeleg yr Alban, dwy iaith debyg iawn i'w gilydd. Ydych chi'n gyfarwydd â'r enw *Hamish*? Ffurf ar *Seamas* 'James' yw hwn. Wrth gyfarch (y cyflwr cyfarchol) pobol byddant yn dweud '*A Sheumais*' ([ə ˈhemɪʃ]). Mae dau beth wedi digwydd yma. Yn gyntaf mae'r *-s* ar y diwedd wedi troi'n sain fel '*sh*', ac yn ail mae'r *s-* ar y cychwyn wedi troi'n *sh-*. Nid y sain '*sh*' sydd yma, ond yn hytrach '*h-*'. Dull yr Wyddeleg o ddangos y treiglad *s-* > *h-* yw hyn. Felly mae'r ffurf Saesneg *Hamish* yn dod o'r ffurf sydd ond ar lafar pan fo'r dyn yn cael ei gyfarch. Cynnig y Celtegydd Peter Schrijver yw bod y Gymraeg hefyd yn y cyfnod cynnar yn treiglo *s-* yn *h-*, ond inni golli'r arfer o dreiglo, ac wrth wneud daeth un o'r ffurfiau gyda *s-* yn safonol, ond droeon eraill *h-* oedd y canlyniad.

Gollwng cerdded

Gollwng cerdded yw pan fydd plentyn bach yn camu ar ei liwt ei hun am y tro cyntaf erioed. *Cychwyn cerdded* pan eir am dro. Dyma ymadrodd sydd yn gyfarwydd yn y Gogledd oll, er nad oedd pawb wedi ei glywed. Nododd un 'Do'n i ddim wedi'i glywed cyn symud i'r gogledd – Trefor. Dweud da! Ond pan ofynnodd rhywun i fi a oedd fy mhlentyn cynta wedi gollwng ro'n i'n meddwl eu bod yn dweud nad oedd ei glwt/gewyn yn ddigon sownd a bod ei drowsus yn wlyb!' Ychwanegodd un o Lannefydd 'Dyna fydde Mam, a finne, yn ddweud am blentyn bach wedi dechre cerdded. Cyn gollwng bydde ni yn dweud bod y plentyn yn *mynd rownd pethe*, hynny yw cerdded ond yn cyffwrdd y dodrefn i gadw yn ddiogel.' Hynny yw y syniad yw bod plentyn bellach wedi gollwng cydio mewn dodrefn er mwyn cerdded yn annibynnol. Gellid holi 'ydi hi wedi gollwng' er enghraifft, ond rhaid cofio bod ystyr arall i *gollwng* yn y Gogledd, sef rhechu!

Grifft (*frogspawn*)

Grifft ydi'r gair cyffredin ledled y wlad gydag ambell un yn dweud *griff* (*llyffant*). Mae *jeli llyffant* yn digwydd yn weddol aml hefyd, yn Arfon. Ceir *jeli broga* ym Maldwyn. Yn Sir Gâr *wïe brogéid*. *Wye broga* a geir yng Nghwm Gwaun, gyda *rhubane jeli* am '*toadspawn*'. Ceir *llys brogaod/brogaed* yng Ngheredigion. *Grifft y sêr* yw '*star jelly*'. Nodwyd *llys llyffan* mewn astudiaeth o *Dafodiaith Rhan Isaf Dyffryn Llwchwr* (1958) ac mae GPC yn nodi *llys ffrocod* ym Mro Morgannwg. Nodwyd *hwdu brogats* ym Mhenfro (GDD 168), ond dim ond yn Nhregaron y nodwyd *hwdu broga*. Gair am '*slime*' yw *llys* ond mae ei darddiad yn anhysbys, ac mae tarddiad *grifft* yn gwbl annelwig. Ni all, fel y saif, fod o darddiad Brythoneg oherwydd bod *-fft* yn glwstwr diweddol amhosibl. O'r Lladin daw *Aifft*. Un posibilrwydd yw bod y *-t* yn barasitig, ac mai *griff* oedd y ffurf wreiddiol. Tybiwyd gan rai mai dyma oedd ystyr enw'r afon Gryfe ger Glasgow, yn hen deyrnas Frythoneg Ystrad Clud. Ond tuedda llyffantod i ddodwy eu hwyau mewn pyllau llonydd yn hytrach nag afonydd rhedegog. Yn wir, digwydd Pwll-y-grifft yng Ngheredigion.

Gristle

Mae tri gair am 'y pishys cig chi ffaelu cnoi (y cig gwyddyn)' neu yn iaith y Gogs *y darnau o gig na allwch chi 'mo'u cnoi*. Gair arferol y De yw *gwthi*, a lluosog yw. Mae ambell un yn gyfarwydd â'r ffurf unigol *gwthyn* gyda *gwrthyn* ym Mhontarddulais. O Ddolgellau i Sir Ddinbych y gair yw *gwnne* (neu *gwna* yn Nolgellau a Phrestatyn). *Gïa* (*gïau*) a ddywedir yn y Gogledd-orllewin. Ffurf unigolyddol ar hwn yw *gwythïen*, a byddwn i'n amau mai ffurf gywasgedig ar hwn yw *gwnne*.

Ffurf lafar ar *gwythi*, lluosog *gŵyth* '*gwythïen, giewyn, nerf*', yw *gwthi*. Sylwer bod yma '*r* ymwthiol' yn *gwrthyn*. Ystyr 'ymwthiol' yn y cyd-destun hwn yw cytsain anhanesyddol sy'n ymddangos mewn gair, yn aml er mwyn hwyluso'r ynganiad, neu oherwydd dylanwad gair tebyg arall. Enghraifft o hyn yw 'gwrthio' am 'gwthio', lle mae dylanwad 'gwrth' yn amlwg.

Mae'n debyg bod *gwythi* yn tarddu o wreiddyn Proto-Indo-Ewropeg *weik-* (neu *weig-*) sy'n golygu 'troi, cordeddu'. Dichon ei fod yn cyfeirio at y darnau troellog o gig gwydn. Os felly byddai'n gytras â'r Lladin *'vice-'* (e.e. *vice-president*), sef ffurf abladol *'vicis'* (troi, dirwyn). Un o gyflyrau'r iaith Ladin yw abladol, sydd fel arfer yn dynodi bod gair yn dynodi cyfeiriad, rhywbeth sy'n dod o neu'n mynd at rywbeth arall.

Gair arall cytras yw'r Saesneg *'week'*, a'r ystyr wreiddiol oedd 'newid', efallai'n cyfeirio at ryw newid cyfnod hynafol. Byddai *'wicker'* hefyd yn perthyn, sef y clwydi a wneir trwy droi canghennau rhwng polion pren. O'r Hen Norseg (iaith y Llychlynwyr) y daw'r Saesneg *'weak'* a'i ystyr wreiddiol oedd *'plygu, ildio'*.

Nid yw ystyr *gïau* wedi newid llawer ers cyfnod ein mamiaith, y Broto-Indo-Ewropeg, oherwydd mai dyna oedd ystyr y gwreiddyn *gwhi-*. Gallai hefyd olygu edefyn, am resymau amlwg. Credwch neu beidio mae *ffeil* yn tarddu o hwn. O'r Saesneg y daw wrth gwrs, ond gair wedi'i fabwysiadu o'r Ffrangeg yw, o'r ferf *'filer'* a'r ystyr wreiddiol oedd 'gosod dogfennau ar linyn'. Dyma a ddywed y wefan *Etymonline:*[9]

> "place (papers) in consecutive order for future reference," mid-15c., from Old French filer "string documents on a thread or wire for preservation or reference" (15c.), earlier "to spin thread," from fil "thread, string" (12c.), from Latin filum "a thread, string; thread of fate; cord, filament," from PIE *gwhis-lom*, suffixed form of root *gwhi-* "thread, tendon." The notion is of documents hung up on a line in consecutive order for ease of reference.

Newidiadau yng nghynhanes yr iaith Ladin sy'n gyfrifol am droi *gwh-* yn *'f-'*. Mae *profile* hefyd yn perthyn, gair arall o darddiad Lladin, a'r syniad yma yw 'tynnu am**lin**elliad'. Hefyd *'filament'*, a *'fillet'*. Bachigyn o *'fil'* (llinyn) yw *'fillet'* ac mae'n debyg y cafodd tamaid o bysgodyn yr enw hwn oherwydd yr arfer o'u paratoi trwy eu hongian ar linyn.

Gw- ynteu G-?

Yn y Gymraeg mae gennym gyfoeth o eiriau'n cychwyn gyda'r clystyrau unsill canlynol:

gwl- gwlyb, gwlychu, gwlith
gwr- gwrych, gwrando, gwraidd
gwn-gwnaf, gwneud

---

[9] https://www.etymonline.com/

Ond mae rhai yn hepgor yr *w* mewn nifer. Er enghraifft yn y Gogledd-orllewin mae *gnaf* a *glyb* a *glychu*, a (*g*)*neud* yn ddigon cyffredin. Yn y De mae *grando* yn arferol. Ond mae'n anodd gweld patrwm amlwg yma, nac egluro pam nad yw'r newid yn gyson. Mae angen ymchwil bellach.

Gwael
Pasia hwnna i mi, gwael.
Ti'n iawn, gwael?
Fasat ti'm yn medru estyn yr halan imi, gwael?
Nei di oleuo'r tân imi, gwael?
Rho fo lawr yn fanna, gwael.

Dyma eiryn sy'n gyfarwydd iawn ym Môn, ond hefyd ar y Tir Mawr o Fethesda i Gaernarfon. Wrth roi 'gwael' ar ddiwedd y frawddeg mae'n golygu eich bod yn gofyn yn glên. Rhyw fath o ofyn yn annwyl yw, rhywbeth yn debyg i '*mate*' yn Saesneg.

Gwenni
Wel, dyma air diddorol, un sy'n gyffredin ymysg y to iau (wel canol oed erbyn hyn) yn y Gogledd-orllewin. Rhaid imi gyfaddef nad wyf yn cofio ei glywed. Mae'r ystyr yn amrywio ychydig ond yn y bôn mae'n golygu *hen ffasiwn* neu *ddim yn trendi*. Gadawaf i'r defnyddwyr ei ddiffinio, a dyma oedd gan aelodau'r grŵp i'w ddweud.

Nodwyd ei fod 'yn boblogaidd (yn Llangefni) am bethau hen ffasiwn rhyw 20 mlynedd yn ôl ac mi fyswn i wedi'i ddefnyddio, heb glywed llawer yn ei ddefnyddio ers blynyddoedd bellach.' Sylw arall oedd 'yn ei ddefnyddio pan yn ifanc yn ardal Eryri ond heb ei glywed ar lafar yn ddiweddar'. Ychwanegodd un athrawes 'Pan oeddwn yn athrawes ym Mangor yn y 70au roedd plant y dre yn cyfeirio at blant y wlad, ardal Bethesda yn benodol, fel 'gwennis'!' 'Cyfarwydd ac yn ei ddefnyddio, yn enwedig yn y lle gwallt, dwi'n siarsio'r eneth i beidio gwneud fy ngwallt yn 'gweni'' (Ynys Môn). 'Pan ro'n i'n ddisgybl yn Ysgol Glan Clwyd, yn y Rhyl yn y 60au, byddai rhai o ferched yr arfordir yn cyfeirio at bethau hen ffasiwn fel 'gwenni'.' 'Peth gwaetha all blentyn gal yn ysgol David Hughes yn y 90au oedd dillad/sgidia/gwallt/bag gweni!' Eto ym Mangor nodwyd 'dwi'n cofio'r gair yn cael ei ddefnyddio yn y Saesneg yn yr ysgol yng nghyd-destun 'frumpy / dowdy' – yn enwedig plant nad oeddent yn gwisgo'r brandiau dillad neu 'sgidiau 'cywir'.' 'Mae'r gair yma yn gyfarwydd i mi ond pan glywais o tro gynta yn nghyffinia Bangor nesi ei glywed, roedd yn air oedd pawb weld i ddeud. Ond rwan dwi'n ffendio lot o bobol fengach cyffunia Caergybi yn ei ddefnyddio pan fydda i yn delio efo nhw yn y shop'. 'Mae'n gyffredin yn Saesneg ardal Bangor *'That's so gwenni, only a total joscyn'd wear a gwenni jacket like that, yeah?"*

Nodwyd ei fod yn gyfarwydd yn ysgolion uwchradd Llangefni, Bangor, Llandudno, Bethesda a Chaergybi, a hynny'n bennaf yn yr wythdegau a'r nawdegau. Ond er hyn oll nododd sawl un o ardaloedd fel Llangefni, Llangaffo a Chaernarfon na chlywsant erioed mo'r gair. Tybed felly ai gair yw a ymledodd o drefi Seisnigaidd arfordir y Gogledd, a hynny yn bennaf yn ystod yr wythdegau. Mae ei darddiad yn gwbl dywyll i mi a methais gael hyd i air Saesneg tebyg ar y we.

Gwlych (WVBD 187)

Beth am ddechrau â'r hyn a ddywed Beibl yr ieithyddion Cymraeg, sef *Geiriadur Prifysgol Cymru*. Noda 'Ym Morg. fe arferir y gair am wlybwr y fenyw yn y weithred rywiol'.[10] Nodir hefyd enghreifftiau cyffredinol fel 'Mae'r te'n wlych', ac yn Nyfed 'Odi'r te'n wlych? (*Is the tea steeping?*, GDD 330). Mae'r defnydd o'r gair yn parhau'n gadarn e.e. *Rhoi dillad yn wlych cyn eu golchi* (Arfon), *rhoi pys sych yn wlych dros nos* (Llandysul), *rhoi ffrwythau'n wlych mewn te cyn gwneud bara brith* (Pencader). Yng Ngheredigion nodwyd '*Rhoi bwydydd sych yn 'lych' dros nos – yn enwedig bwyd anifeiliaid fferm fel bwyd cŵn sych neu flawd gwenith i'r geifr a'r moch yn y gaeaf. Hefyd yn rhoi llestri'n 'lych os oedd bwyd wedi sychu arnyn nhw cyn iddyn nhw gael eu golchi* (er mwyn ei wneud yn haws i'w golchi yn y man.)

Yn y Gogledd-orllewin gall gyfeirio at '*gravy*' hefyd e.e. *lobsgows ne datws yn y popty braidd yn sych gofyn am fwy o 'wlych' i roi arnynt*. Yn Edeirnion yn y Gogledd, *gwlych malwod* yw'r llysnafedd gludiog a adawant ar eu holau.

Mae *gwlych* yn gytras â *gwlith* a *gwlyb* a dônt o'r gwreiddyn PIE *wleik*- 'llifo', a hwn hefyd a roddodd '*liquidus*' yn y Lladin.

Hoff Ddiarhebion, dywediadau ac ymadroddion

Holwyd yr aelodau i weld pa rai sydd bellach yn boblogaidd ac ar lafar. Dyma'r atebion.

---

[10] Byddai rhai Gogs yn arddel *saim serch* am hyn.

A fo ben bid bont.
A gwnws a gollws ei le.
Adar o'r unlliw a hedant i'r unlle.
Amlaf ei gŵys, amlaf ei ysgub.
Amlwg llaid ar farch gwyn.
Angel pen ffordd a diawl pen pentan.
Anodd dwyn dyn oddi ar ei dylwyth.
Calla' dawo.
Cenedl heb iaith, cenedl heb galon.
Chwerthin cyn brecwast crio cyn swpar.
Codi pais ar ôl piso.
Cyrchu dŵr dros afon.
Deuparth gwaith ei ddechrau.
Diwedd y gân yw'r geiniog.
Dyfal donc a dyrr y garreg. (addasiad gogleddol: dyfal bonc a dyrr dy gerrig)
Edau rhy dynn a dyrr.
Fel piso dryw yn y môr.
Gan y gwirion y ceir y gwir.
Gorau arf, arf dysg.
Gormod o bwdin dagith gi.
Gwae y llygoden a geisia biso fel caseg. (Eifionydd)
Gwell un gair gwir na chan gair teg.
Gwyn y gwêl y frân ei chyw.
Hael yw Hywel ar bwrs y wlad.
Hawdd cynnau tân ar hen aelwyd.
Haws dweud na gwneud.
Heb ei fai heb ei eni.
Henaint ni ddaw ei hunan.
Hir pob ymaros.
Hir yw pob ymaros
Hy pob ceiliog ar domen ei hun.
I'r pant y rhed y dŵr. (Daw arian o hyd i'r rhai sydd eisoes yn gyfoethog)
Lle mae camp, mae rhemp.
Mae mistar ar Mistar Mostyn.
Mae brân i bob brân (a dwy frân i frân front).
Mae eisiau 'deryn glân i ganu.
Mae gan foch bach glustiau mawr. (Rhybudd bod plant yn bresennol a bod rhywbeth cudd i'w ddweud)
Mae i bob llanw ei drai.
Mae mwy nag un ffordd o gael Wil i'w wely.
Malu glo mân yn glapiau.
Man gwyn man draw.
Mwya'u trwst llestri gweigion.
Mynd dros ben llestri.
Mynych moes mwy.
Ni cheir y melys heb y chwerw.
Nid da lle gellir gwell.
Nid wrth ei big mae prynu cyffylog.
Os na byddi gryf, bydd gyfrwys.
Pan gyll y call, fe gyll ymhell.
Rhaid i'r gwychaf gachu.
Rhoi'r ffidil yn y to.
Taro'r post i'r pared glywed.
Teg edrych tuag adre.
Tri chynnig i Gymro.
Wrth gicio a brathu mae cariad yn magu.
Y ci a gerddo a gaiff.
Y cyntaf i'r felin gaiff falu.
Y cyw a fegir yn uffern, yn uffern y myn fod. (Nodwyd imi mai 'uffern' yw'r twll lludw cynnes o flaen tân)
Yn ara' deg mae dal iâr
Yn ddu fel bol buwch.
Yn ei oes croes. Yn ei arch parch.
Yna ara' deg ac fesul dipyn mae gwthio bys lan tin gwybedyn.
Yng ngenau'r sach mae cynilo blawd.
Yr euog a ffy heb neb yn ei erlid.
Yr hen a ŵyr a'r ifanc a dybia.
Yr oen yn dysgu'r ddafad bori.

Idiot

Mae cyfoeth o eiriau lledled y wlad am yr uchod. Nodwyd *ffwlbyn* a *ffwlban* ym Mlaenau'r Cymoedd (BIBC 28) ond mae'r gair hwn wedi peidio ar lafar er bod *ffwlbri* yn parhau. Felly hefyd *brebwl* yn Arfon (GESG 5) a *clemog* yn Sir Gâr (DST 15). Mae *ffŵl* yn hysbys i bawb, ac *ynfytyn* yn air mwy safonol neu lenyddol.

Yn y De mae *twpsyn* yn gyfarwydd iawn. Yn Sir Gâr clywir *iolyn, iolpyn, hurtyn, twpyn*.

Yn y Cymoedd a sir Gâr gellir dweud bod rhywun yn *dipyn o geit*, neu yn *slej*, yng Nghwm-twrch *mwlsyn*. Yn Llambed mae ambell *ffwrch*, a *siolyn* yng Nghwm Tawe. Hefyd *pen pren, cnoc, cnoc y dorth*. Efallai eich bod yn adnabod ambell *twpsyn* neu *twpsen*. Mae *clyst* hefyd yn hysbys yn Sir Gâr, a *ffwlpsyn* yn Sir Benfro, *ffwlbryn* a *ffwlcyn* yn Ngheredigion. *Wew, llech, sioni hoe* yn Nhŷ-croes (ger Rhydaman), *pen-giâr* yn Llanddewi Brefi.

Ymysg y Gogs mae *lembo* yn gyfarwydd iawn, a *crinc* yn y Gogledd-orllewin. Mae *twmffat* hefyd yn gyffredin ond gair o gerydd gweddol ysgafn yw, un y gellid ei ddefnyddio gyda phlentyn heb bechu gormod. Mae *pen-bach* hefyd yn gyffredin, a *penbwl*. *Pen-gôl, colbar* a *llwdwn* ym Môn. Am ferch clywir *jolpan*, ac ymysg rhai cawn *jolpyn* am ddyn. Term mwy eithafol ydi *coc oen*. Mae ambell *hulpan* ym Môn a'r cyffiniau, ond os ewch draw i'r Dwyrain *helpyn* a glywch. *Pen-rwdan, penci*. Ym Mhant-glas *pen-swejen*. Bydd rhai Cofis (Caernarfon) yn sôn am *coc dol*. *Brych* yw rhywun diwerth ym Môn. Mae *lob* a *lari* yma ac acw hefyd, ac ym Môn *llo cors*, sef rhyw anifail gwirion a fentrodd i ddyfnder cors na all ddianc ohoni. Os am beidio â sarhau plentyn yn ormodol mae modd defnyddio *lemon* am *lembo*. Ceir *mulsyn* yn Wrecsam, a *caib* yn y Bala. *Lob* neu *lob lari* yw ambell un, a *cloncyn* yn Neganwy, *llarbad* yn Llŷn.

Mae tipyn o dalfyrru yma ac acw fel *pen-rwd* neu *jolp*, ond ymddengys mai rhywbeth diweddar yw hyn.

Iro, Ired

Mae *iro* yn ddigon cyffredin o hyd, ond prin yw *ired*. Gallwch *iro sgidia*, neu *iro echel*, ac yn enwedig *iro tun cacen/teisen*. Gosod tipyn o fraster mewn tun er mwyn i'r toes beidio â glynu yn y popty yw hyn. Mae ired ar lafar yn bennaf yn y Gogledd-ddwyrain a Maldwyn. Ym Môn a'r cyffiniau dywedir *hiro* ac fel arfer mae'n golygu cael *cosfa* neu gael *cweir*.

Mae GPC o'r farn fod hwn yn dod o'r gair *ir* (glas, ffres; Gaeleg yr Alban '*ùr* (newydd)'). Os felly byddai'n gytras â'r Lladin '*purus*' (pur). Cofiwch mai un o nodweddion yr ieithoedd Celtaidd yw colli'r sain *p*, cf. *'athair'* (tad) Gaeleg yr Alban â'r Lladin *'pater'*, y ddau o'r PIE **ph²tér*. Felly byddai *pur* ac *ir* yn perthyn i'w gilydd.

Locsyn, barf

Mae'n debyg bod y rhan fwyaf ohonom yn gwybod mai 'barf' yw'r gair cywir, ond mae'n ymddangos nad yw'r gair hwn yn gyffredin iawn ar lafar. Yn y Gogledd-orllewin y gair arferol yw *locsyn* ac mewn mannau eraill, o Benrhyndeudraeth i Sir Ddinbych *locsen* (a *locsan*) sy'n arferol. Defnyddir *locsyn clust* am sidewhiskers. Yn y De nodwyd *whisgeryn* a *whisgas*. Cafwyd *baraf* yma ac acw hefyd, er i rai nodi mai ynganiad hynafol oedd.

Pan holwyd pobl ai gwrywaidd ynteu benywaidd oedd atebodd y rhan fwyaf gyda 'gwrywaidd' gan nodi y *barf* a *barf trwchus*. Benywaidd oedd yn wreiddiol, oherwydd mai o'r Lladin *'barba'* y daw, a hwnnw'n air benywaidd. Dichon bod cysylltiadau gwrywaidd blewiach gwynebol dynion wedi peri iddo newid ei genedl, yn enwedig oherwydd nad yw'r gair yn gyffredin ar lafar. Yn rhyfedd ddigon gwrywaidd yw *baro* yn y Llydaweg hefyd. Rhoddodd hwn hefyd y gair *'barb'* yn Saesneg.

O'r Saesneg *'lock'* (of hair) y daw *locsyn* wrth gwrs, ac yn yr achos hwn gyda'r terfyniad gogleddol *–(s)yn*, sef ffurf wrywaidd *-sen* a drafodwyd yng nghyd-destun *bricsen* uchod. Fel y nodwyd, daw hwn o'r Lladin, a golyga hyn na wyddom felly beth oedd y gair cynharach. Un cynnig fyddai ffurf ar y gair Hen Wyddeleg *'ul'* (barf), sydd i'w weld yn *Ulaid*, ffurf a roddodd 'Ulster' yn Saesneg.

Mae'r gair Lladin *'barba'* yn gytras gyda'r Saesneg *'beard'* a daw'r ddau o'r gair Proto-Indo-Ewropeg **bhardhā*. Yn y cyd-destun hwn trodd y *-dh-* gwreiddiol yn *-b-* yn y Lladin, ac mae hyn yn ein galluogi i weld bod *'word'* a'r gair Lladin *'uerb-'* hefyd yn gytras. Rhoddodd hwn *'verb'* yn y Saesneg, ac mae *berf* yn y Gymraeg yn addasiad dysgedig o'r gair Lladin hefyd.

Lost in Translation

Holwyd am y math o gamgymeriadau a wna pobl wrth siarad mewn ail iaith, yn aml iawn oherwydd camgyfieithu neu gamynganu. Dyma faes y *'false friends'* bondigrybwyll, sy'n gallu peri digrifwch neu embaras eithriadol, fel y gwelsom mor feistrolgar gyda'r Ddau Ffrank.

- Cymro (fi) mewn lle deintydd yn Rennes gyda phroblem hefo dant oedd yn cynhyrchu crawn. Y gair mewn Ffrangeg yw *pus*, ac felly medda fi 'il y a beaucoup de **pus**' (mae 'na lawer o grawn). Gweld bod y gynorthwywraig ifanc yn piffian chwerthin, ac yn gwneud ei gorau glas i beidio â chwerthin yn uchel. Gweld bod y ddeintyddes hefyd yn ceisio cadw gwyneb syth. Methu dallt. Dim ond yn ddiweddarach dysgais nad oeddech yn ynganu'r -s ar y diwedd, ac fy mod felly wedi dweud 'il y a beaucoup de **puces** dans ma bouche' (mae 'na lawer o chwain yn fy ngheg).

- Yn y bar: Beth oeddwn i wedi moyn ei ddweud: "Ga i coke efo rhew os gwelech yn dda." Beth oeddwn i wedi'i ddweud: "Ga i coke efo rhyw os gwelwch yn dda." (Joshua Declan McCarthy)
- Dosbarth Wlpan (Chris Castle)
    Fi: Wyt ti eisiau codiad i'r dafarn Ken?
    Ken (yn slei iawn): nagw diolch mae un 'da fi yn barod.
    Pawb arall: hahahaha
- Gofyn am 'piscina y patatas fritas' yn hytrach na 'pescado y patatas fritas' mewn tŷ bwyta yn Santander. Hynny yw, pwll nofio a sglodion yn lle pysgod a sglodion. Dwedodd y gweinydd wrth bawb yn y lle wedyn! (Phil Lovell)
- Dweud "je suis en chaleure" (on heat) yn hytrach na "j'ai de la temperature" (I have a temperature) flynyddoedd yn ôl. (Ffran May)
- My fiance often asks for gwenwyn in Welsh rather than gwin gwyn. (Joe Ap Paddy)
- haha, I had a similar thing David, (I'm an Irish speaker, but I've studied long and hard to learn Scots Gaelic but failed largely because it has so many "false friends" for Irish speakers) so I once tried to say in Gaelic that I was too tired to play football, but what I actually said was I was too depressed, and because I don't know the Gaelic word for "gay" I explained to someone that I preferred boys to girls (although, what I actually said was that I prefer shepherds to hags... which is probably true, come to think of it, but not what I was trying to explain. (Brendan Riley)
- Un o'm myfyrwyr yn diodde gyda throed mabolgampaidd (Julie Waring)
- Asking: 'Fermata?' in an Italian shop. (I meant to ask if it was closed, but that means bus stop.) (Kristina Runyeon-Odeberg)
- "I do the smoothing in our house" (smwddio). (Huw Meredydd Roberts)
- Dosbarth cyfieithu. "bydden ni cael Nadolig heb rhiw [rhew] eto eleni" rhew, rhiw.... Wps! (Laz Chambers)

- Yn dweud yn Sbaeneg "Estoy caliente" sy'n golygu dwi'n rhampus yn lle dweud "Hacer calor" sef dwi'n dwym. (Delyth James).
- Gofyn yn Saesneg yn siop am bag o 'pricks'!! Pricia tân de!! Toedd y creadur bach yn y till ddim yn siŵr lle i roi ei hun!! (Mari Ellis Parker)
- Dolig cynta yn Ffrainc, yn prynu anrheg mewn archfarchnad ac yn meddwl am America, lle mae modd cael lapio anrhegion hyd yn oed mewn archfarchnad – gan ofyn "Do you wrap?" Dynesu at y til, a gofyn wrth y fenyw ifanc, "Vous emballez?" ("ydych chi'n lapio?" ond hefyd "ydych chi'n cwna?"). Deallodd hi fy mwriad ar unwaith, dan ateb yn swil, "Hélas, non!" (Ysywaeth, nac ydw!). (Steve Hewitt)
- Yn siarad Portiwgaleg mewn tŷ bwyta. Ro'n i eisiau gofyn am "mas pão" (mae'r sain fel "yng" yn Gymraeg) – mwy o fara. Gofynnais i am "mas pao" (fel "w") – mwy o bidyn. (Mark Chataway)
- I told students how I roll my r's. (Angela Jones)
- Gofyn am "horreures" d'autobus (yn lle horraires). ('erchyllterau' yn hytrach nag 'amserlenni'). (Lynne Davies)
- Mewn dosbarth Ffrangeg i oedolion, gofynnodd yr athrawes beth wnelwn i pe bai'r llong yr oeddwn arni'n dechrau suddo. "Je chercherais un preservatif" dywedais. (Alun Hughes Williams) Meddwl am siaced achub, wrth gwrs, ond yn defnyddio'r gair am condom.

Llesmair

Dyma un o'r geiriau Cymraeg am *llewygu*. Mae'n digwydd ym marddoniaeth yr Oesoedd Canol, er enghraifft yng ngwaith Hywel ab Owain Llygliw o ganol y bedwaredd ganrif ar ddeg, ond erbyn hyn dim ond yn ardal Rhosllannerchrugog mae'n hysbys e.e. *mynd i lesmer*. Nid yw'n edrych fel gair Cymraeg brodorol, i raddau oherwydd nad yw -sm- yn glwstwr hanesyddol, ond mae'n anodd meddwl am air Saesneg a allai fod wedi ei roi. Rhaid mentro i chwilio mewn ieithoedd eraill fel Gwyddeleg, a hefyd ystyried rhyw ddatblygiadau anarferol yn y Gymraeg.

Llenni, Cyrtens

Mae tipyn o ddryswch yma. Ar y cyfan cyrtens yw'r gair arferol, ond mae llawer iawn yn y Gogledd yn nodi llenni hefyd. Efallai mai troi at air mwy Cymreigaidd a wnaethpwyd.

Nododd un 'Cyrtens yn Aberteifi ond roedd fy mam-gu o ardal

Abergwaun wastad yn dweud 'hangers'...cer i dynnu'r hangers!' Nododd un arall byddai ei dad (Môn) yn dweud hangins. Cyrtins sydd yn Aberdâr a Phontardawe a Rhydaman. Yn y Rhondda ac Abertawe ceir cwrtshwns gyda cwrshwnz ym Mlaenau Morgannwg. Nodwyd *bleins* yng Nghwm Gwaun. Yn y Gogledd-orllewin mae *cyrtansia* yn gyffredin a 'thynnu 'tansia' a wneid i'w cau.

Lluosog *llen* yw *llenni*, a hyd y gwela i dim ond yn y lluosog y digwydd. Fyddai neb yn sôn am dynnu llen mewn tŷ. Mewn Cymraeg Canol cyfeiria at orchudd o ryw ddeunydd, blanced neu fantell er enghraifft.

Daw *cyrten(s)* o'r Saesneg wrth gwrs. Tua 1300 nodwyd *'curtine'* sef 'sgrin o ddefnydd crog i gau bwlch o ryw fath'. Daw hwn o'r gair *'cortine'* sef 'cyrtens, llen, blanced' mewn Hen Ffrangeg. Daw hwn yn ei dro o'r gair Lladin Hwyr *'cortina'*, ond mewn Lladin Clasurol yr ystyr oedd 'iard'. Ond yr ystyr gynharach mewn Lladin Clasurol oedd 'llestr crwn, crochan', a daw yn ei dro o *cortem* o *cohortem*. Hwn yw'r gair a adferwyd i'r Saesneg fel *'cohort'* sef mintai o filwyr. Daw'r newid ystyr efallai oherwydd i'r Beibl Fwlgad addasu gair Groeg am lenni gyda *'cortem'*, efallai oherwydd bod llen ar draws y drws a arweiniai allan o'r iard.

Nid oes sicrwydd o ble daw *llen* ond efallai y dylid ei gysylltu â'r gair Lladin *'linum'* sef y planhigyn *'flax'*. Daeth hwn i'r Gymraeg gan roi *llin*, ac wedyn *llinyn* am rywbeth a wneid ohono. Daeth y gair Lladin hwn i'r Saesneg hefyd gan roi *'linen'*.

Lleuos (YM 72)
Dyma air brodorol Môn am *'magic mushrooms'*, a'r cyfieithiad diweddar o hwn yw 'madarch hud'. Mae'r terfyniad *-os* yn un gweddol cyffredin, ac mae'n digwydd mewn geiriau fel *plantos*, a hefyd enwau lleoedd fel *Bedwas* (o *Bedwos*). Y bôn felly yw *lleu*, un sydd i'w weld yn *goleu* (golau) a *lleuad*. Ond pam galw'r caws llyffant bach hwn yn rhywbeth golau? Ai oherwydd eu lliw golau yn unig y cawsant eu henw?

Lluosogi Ansoddeiriau
O'r tair iaith Frythoneg dim ond y Gymraeg sydd wedi cadw, neu ddatblygu, sustem eang o luosogi ansoddeiriau. Yr unig enghraifft yn yr ieithoedd Brythoneg eraill yw *'keizh'* yn yr iaith Lydaweg, sef lluosog *caeth*. Dywedir *va zud keizh* (fy mhobl druain). Roedd y sustem yn gynhyrchiol yn yr Oesoedd Canol ond roedd hefyd yn anghyson, hynny yw weithiau byddai ansoddeiriau yn lluosog ond nid bob tro. Mae sawl dull o wneud hyn

a > ei   ieuanc > ieueinc   bychan > bychein   marw > meirw
-(i)on   estrawn > estronyon   budr > budron   trwm > trymyon
-(i)on & a > ei   glas > gleissyon   glan > gleinyon

Ond mae llawer o ansoddeiriau na chânt byth eu lluosogi e.e. *da, hawdd, gwir*. Mae *A Welsh Grammar* (Stephen J. Hughes, 1980) yn nodi llawer o ffurfiau lluosog ond go brin bod y rhan fwyaf ar lafar e.e. *buan/buain, byddar/byddair, hardd/heirdd, caled/celyd, mud/mudion, tenau/teneuon*. Y cwestiwn yw pa mor gynhyrchiol yw hyn oll mewn Cymraeg cyfoes, i ba raddau mae rhai enghreifftiau yn hynafol neu wedi'u ffosileiddio, ac i ba raddau mae'r iaith ysgrifenedig yn dylanwadu ar yr iaith lafar. Erbyn hyn mae'n ymddangos mai mewn rhai cyfuniadau clwm yn unig y mae ansoddeiriau lluosog yn digwydd, gyda ffurfiau unigol mewn cyd-destunau eraill.

Mae'n gyffredin iawn mewn enwau lliwiau. Mae'n siŵr bod rhai ohonom yn ddigon hen i gofio'r grŵp *Y Trwynau Coch* yn canu rhan o'r emyn oedd yn cynnwys 'plant bach melynion'. Mae nifer o ymadroddion stoc llafar yn cadw'r lluosog e.e. *arian gleision* ac *arian cochion*, a *mwyar duon*.

Byddai sôn am *fochau cochion* yn dderbyniol iawn, ond byddai *ceir cochion* yn anarferol. Yn y De bydd sôn am *eirin duon bach* a *llusi duon bach*, ac yn y Gogledd *sgidia duon* a *cymylau duon*. Byddai *amlenni gwynion* a *bocsys llwydion* yn dderbyniol hefyd, ond sylwer nad yw'r lliwiau newyddach fel *pinc* a *brown* byth yn *pincion* a *brownion*. Byddai *llestri gweigion* a *plant druain, cerrig gleision, llygaid gleision, trowsus byrion, dillad budron* hefyd ar lafar. Enwau ar bethau byw penodol yw *cregyn gleision* (*mussels*) a *dalan* (danadl) *poethion*. Nodwyd *brawddegau llawnion* yn Nyffryn Clwyd.

Yn Llŷn sonnir am *tatws cyfeuon* (cyfa(n)), hynny yw tatws sydd heb eu torri'n ddarnau. Ni all hwn fod yn hen fathiad oherwydd mai'r ffurf hanesyddol yw *cyfain*. Rwy'n amau bod y lluosog *-euon* wedi ei lunio ar ynganiad llafar geiriau fel *tena* (tenau) a'r lluosog *teneuon*, neu *cân/caneuon*. Yn y Gogledd nid yw'n anarferol clywed *sgidia trymion*.

Yn y bôn ymddengys nad yw lluosogi ansoddeiriau yn gynhyrchiol iawn ar lafar ond ei fod yn dal ei dir mewn ymadroddion stoc fel *Gwlad y Menig Gwynion, meini hirion, gwartheg duon, da hesbod* (Sir Gâr), *Gwylliaid Cochion, fala sirion* (*sur* – Bangor) a rhai ansoddeiriau unsill.

Lluosogion Dwbl

Nid unigol a lluosog yn unig sy'n bod yn y Gymraeg, ond mae rhyw luosog dwbl, annelwig braidd, sy'n cyfeirio at ryw gasgliad blêr. Yr unig enghreifftiau a nodwyd, a hynny o Lŷn, oedd:

hosan	sana	saneua
drôr	drôrs	drorsus
cyrtan	cyrtans	cyrtansia
dilledyn	dillad	dillada
esgid	sgidia	sgideua

Yn Nyffryn Aeron dywedid *sgydoie* am bentwr o esgidiau, a digwydd *sgidieue* yng ngorllewin Meirionnydd.

Malwod, Malwen, Malwoden (GDD 193)

Dechreuwn â'r bôn tybiedig, sef *malw-*. O hwn y lluniwyd y lluosog *malwod*. Ymddengys bod dwy ffurf o lunio'r unigol, un ai trwy osod y terfyniad *-en* ar y bôn (*malw-en*) neu ar y ffurf luosog (*malwod-en*). Posibilrwydd arall yw mai *malwod* yw'r bôn hanesyddol, oherwydd mae'r gan ffurfiau Llydaweg a Chernyweg *h* o flaen yr *w* (h.y. *-hw-*), ac mae'n anodd egluro sut gallai *malhw-* gynrychioli bôn Brythoneg hanesyddol

Fel y nodwyd yng *Ngeiriadur Prifysgol Cymru* mae amrywiaeth mawr yn y ffurfiau llafar. Yn y Gogledd-orllewin mae'n ddigon syml, sef *malwan/malwod*. Malwen yw'r ffurf naturiol yng ngweddill y Gogledd. Nodwyd *malwoden* yma ac acw hefyd, ond heb batrwm amlwg. *Malfoden* a nodwyd yn Llanbrynmair (GEM 143) ond ni nodwyd y ffurf hon gan neb.

Dechreuwn yn y Gorllewin, lle clywir *molwad(en)* a *malwod*. Yn nes i'r dwyrain clywir *malwad*. Yng Nghwm Gwaun clywir *malddot* (o *malfod*). Erbyn inni gyrraedd Ceredigion a Sir Gâr *malwaden* sy'n arferol, ond yng Nghwm Tawe cawn *malwodyn*, ac yma hefyd clywir *melwed(en)* sydd yn cael ei ynganu fel *malwetan* yn y Rhondda. Yn Llŷn dywedir *malwenna* am loetran.

Mae tarddiad y gair yn gwbl anhysbys. Mewn Hen Gernyweg mae gennym '*meluet*' a '*melwen*'. Erbyn Cernyweg diweddar y ffurf yw '*molhuez*' a'r ffurf unigol '*molhuidzhon*'. Rhoddodd hwn y gair tafodieithol Saesneg *melwidgeon*. Y ffurf mewn Llydaweg Canol yw '*melhued*', ac mae llu o amrywiadau yn y tafodieithoedd modern. Er craffu ar y rhain oll nid yw'n hawdd ail-lunio'r ffurf Frythoneg. Yn ei eiriadur enwog o 1547 (sydd i'w gael ar Archive.com) noda William Salesbury y ffurf *malweden*, a nodwyd yng Nghwm Tawe uchod. Gallai'r ffurf hon ddeillio o gymathiad i lafariad y terfyniad, sef *-en*. Ond y gwir yw ei fod yn anodd gwybod sut y bu i'r holl lafariaid effeithio ar ei gilydd, ac ni allaf gynnig ateb eglur.

Mynd

Trueni bod y Gymraeg mor amrywiol o ran cystrawennau mor greiddiol. Mae hyn yn peri anawsterau mawr i diwtoriaid iaith a llunwyr cyrsiau, yn enwedig yn y De. Cofiaf fel y byddai'r hen gwrs Wlpan yn dysgu 'Dw i ddim' yng Nghaerdydd. Nid beirniadaeth mo hyn ond cydnabyddiaeth o'r her sy'n ein hwynebu oherwydd rhai nodweddion tafodieithol. Mae hefyd yn peri anawsterau mawr o ran Duolingo, sydd ag un cwrs ar gyfer Cymru gyfan, ac wrth gwrs mae'n golygu bod dysgwr sydd wedi meistroli'r cwrs yn mynd i swnio'n chwithig ym mhob ardal. Ni fynnent lunio cwrs gogleddol a chwrs deheuol gwaetha'r modd. Gofynnwyd i'r aelodau gyfieithu'r tair brawddeg Saesneg isod.

	I'm going	*I'm not going*	*Am I going?*
	Yr (yd)wyf yn mynd	Nid wyf yn mynd	A wyf yn mynd?
Gogledd	Dwi('n) mynd	Dwi'm y(n) mynd	Ydw i('n) mynd?
Llandudoch	Fi'n mynd	So i'n mynd/ Nagw i'n mynd	Odo i'n mynd?
Pont-siân	Fi'n mynd	Sai'n mynd	Wdw i'n mynd?
Pencader	Fi'n mynd	Sai'n mynd	Odw i'n mynd?
Y Tymbl	Fi'n mynd	Sai'n mynd	I fi'n mynd?
Capel Iwan	Wi'n mynd	Sai'n mynd	Ydw i'n mynd
Pontarddulais	Wy'n mynd	Soi' mynd	Odw'i' mynd?
Glynllwchwr	Fi'n mynd	Simoi'n mynd	Odwi'n mynd?
Rhydaman	Fi'n mynd	So i'n mynd/ Nagw i'n mynd	Odo i'n mynd?
Blaenau Morgannwg	W i'm myn' [wi(m) mɪn]	Wim ym myn [wɪm ə(m) mɪn]	Otw i'm myn? [ɔtʊ i(m) mɪn]
Rhondda	Wi'n mynd	Dwi ddim yn mynd	Odw i'n mynd?
Ysgol yn y De	Fi mynd	Fi dim mynd	Ydi fi mynd?

Fel y gwelwch mae'r ffurfiau wedi gwyro'n bell o'r ffurfiau canoloesol safonol. Y datblygiad Gogleddol, yn fras, yw:

Yr ydwyf i'n mynd > yr ydwy i'n mynd > rydw i'n mynd > dw i'n mynd
Nid wyf yn mynd > nid wyf i ddim yn mynd > nid wy ddim yn mynd > dw i ddim yn mynd
A ydwyf yn mynd? > a ydw i'n mynd? > ydw i'n mynd?

O ran y negyddol mae proses gyffredin ar waith a'r term amdano yw 'Cylch Jespersen' (Jespersen's Cycle), wedi ei enwi ar ôl Otto Jespersen, ieithegydd o Ddenmarc. Yn fras yr hyn sy'n digwydd yw bod negydd mewn cymal o'r fath yn dechrau colli ei rym ac ychwanegir geiryn arall ar ôl y ferf i rymuso'r negyddu. Wedyn collir y geiryn negyddol. Er enghraifft o hyn yw'r cymal Ffrangeg hwn:

> Je ne dis
> Je ne dis pas
> Je   dis pas

Datblygodd y frawddeg Ffrangeg yn bennaf o '*Je ne vais pas*', sef 'nid wyf yn mynd un cam', ond wedyn dechreuwyd defnyddio '*pas*' ar gyfer brawddegau lle nad oedd symud.

Mae ffurfiau'r De-orllewin yn tarddu oll o 'Nid oes dim ohonof yn mynd'.

Pam?

Mae'n debyg bod y rhan fwyaf ohonom yn hen gyfarwydd â'n plant yn holi 'pam?', a ninnau heb ateb parod ac yn ceisio meddwl am ffordd allan o'r holi parhaus. Mae sawl ateb safonol yng Nghymru i ǧeisio roi terfyn ar yr hyn sy'n ymddangos fel swnian i oedolyn, ond fel mater o bwys i'r plentyn druan. Dyma'r atebion a ddaeth i law.

> Achos bod cam yn gam a tithe'n bengam – Tre-boeth.
> Achos bod pam yn bod a bod yn pallu – Cerrigydrudion
> Achos pam? Bara menyn heb ddim jam – Swyddffynnon.
> Am fod pam yn peri a rhech yn drewi – Clynnog.
> Am fod pam yn gam a finne'n gwmws – Drefach Felindre.
> Am bod pam yn bod a paid yn peidio – Môn.

Achos bo[d] cwt y ci yn gam – Capel Iwan.
Am fod Pam yn gam a tithe'n strêt – Tal-y-bont, Ceredigion.
Achos bod cwt y ci yn gam – Saron, Llandysul.

Mae sawl amrywiad ar y rhain, ac mae'n amlwg bod cryn dipyn o amrywio ar dafodau rhieni.

Pencil Sharpener & *To sharpen a pencil*

Dysgais mai '*prism sharpener*' yw'r enw technegol am y teclyn bach disglair hwn. Ond beth ddywed y Cymry?

Wel, yn y De *naddwr* sy'n arferol, gyda'r lluosog *naddwyr*. Ond yn y Gogledd *miniwr* sydd ar lafar, erbyn hyn o leiaf. Y lluosog arferol yw *miniwrs* ond mae'n well gan lawer y ffurf Gymreiciach *minwyr*. Ond hefyd yn y Gogledd mae pethau fel *peth rhoi min ar bensal* yn gyffredin iawn, neu *peth roid blaen ar bensal* (Mynytho). Digwydd *sharpnyr* ymysg nifer hefyd. Nodwyd *hogwr/hogyddion* yn Aberystwyth. Nodwyd hefyd mai prin y byddid yn sôn am fwy nag un, felly nid oedd gair am y lluosog.

Nododd sawl un mewn sawl rhan o'r wlad mai *pensil sharpner* a ddywedent, ond eu bod bellach yn arddel gair Cymreiciach, weithiau dan ddylanwad eu plant, sydd yn manteisio ar addysg Gymraeg a amddifadwyd iddynt hwy.

Naddu sy'n arferol yn y De ond mae *minio* yn digwydd yn y Gogledd. Yng Ngheredigion gellir *torri bla'n pensil*. Nododd ambell un mai rhoi *min ar gyllell* sy'n frodorol a *rhoi(d) blaen ar bensel*, ond digwydd *naddu* yma ac acw yn y Gogledd hefyd. Dyma fyddai'n arferol pan ddefnyddid cyllell, ond yn wahanol i'r De mae'r Gogs wedi arloesi gyda *minio* pan fo a wnelo â'r teclyn bach hwylus. Ym Mhontarddulais a Chwm Gwendraeth nodwyd *sharpno*.

'Gwefus' neu 'ymyl' oedd ystyr wreiddiol *min*, fel ag yn *min yr afon*, ond ni wyddom o ble y daw, er bod gennym eiriau o'r un sain yn y Gernyweg a'r Llydaweg. Mae tarddiad *naddu* yn ansicr ond mae un llyfr dwys yn cynnig tarddiad o'r gwreiddyn *$sneH_2d^h$* – 'to hew' (IEW 972f). Byddwn yn tybio eich bod wedi dychryn o weld y sumbolau hyn. Byddwn i, yn sicr, ond wedi astudio am dipyn deuthum i ddeall petha fel bod H_2 yn cyfeirio at sain fel ein *ch* ni, un a fyddai'n troi *e* o'i blaen yn *a*. Ac mae d^h yn cyfeirio at ryw sain fel *d* ond ac iddi anadliad caled ar ei hôl. Nid yw'r sumbolau yma mor frawychus ag y tybiwn. Cynnig arall yw bod *naddu* yn gytras a'r gair Hen Nors '*snata*' (gwaywffon).

Perthyn drwy'r berth

'Mab llwyn a pherth oedd Enoc Huws, ond nid yn Sir Fôn y'i ganed ef'. Dichon bod llawer ohonoch yn hen gyfarwydd â'r ymadrodd hwn o'r nofel enwog *Enoc Huws* gan Daniel Owen. Holi yr oeddwn am eiriau am blentyn a aned tu allan i briodas, ac fel nododd sawl un mae lle i ymfalchïo bod stigma hwn wedi pylu yn ystod y degawdau diwethaf, felly edrych yn ôl ar agweddau y cenedlaethau a fu sydd yma, a nodi eu termau.

Plentyn siawns sy'n arferol yn y Gogledd, ond nodwyd *plentyn clawdd a pherth* hefyd yn Arfon. Yn Nefyn nodwyd 'Dyn efo beic odd i dad o / ei thad hi' (Nefyn). *Ffowlsyn pen clawdd* yw rhywun felly ym Mhenfro, ac yno gellir dweud bod rhywun wedi *gori ma's*. Mae *plentyn gordderch* yn hysbys fel term llenyddol, ond dim ond yn 1688 y digwydd hwn am y tro cyntaf ar glawr. Ystyr *gordderch* yw 'cariad' a'r un elfen ag yn 'ardderchog' sydd yma.

Am berthyn i rywun felly y nodwyd 'perthyn dros ben cloddia' ym Môn. *Trwy'r trash* ddywedir ym Mhont-iets, gan gofio mai ystyr *trash* yw tyfiant di-werth. *Perthyn trw'r berth* sy'n hysbys yn Sir Gâr a'r cyffiniau, ac yn Sir Gâr *perthyn drwy berfedd mochyn*.

Yn Llydaweg Treger: '*hennezh so beuzed e dad e stank ar vilin-awel*' sef 'boddwyd ei dad ym mhwll y felin wynt'.

Gadael hyn oll gyda'n cyndadau sydd orau efallai.

Perthyn Gwaed Chwannen

Nododd un aelod o'r grŵp *Facebook* ei fod newydd glywed yr ymadrodd uchod yn Llannefydd, ger Dinbych, a holodd a oedd ymadroddion tebyg eraill. Yn yr un pentref clywyd *seithfed ran o gachu mul*, ac un arall o'r Gogledd yw *seithfed ran o rech*, ac yn Arfon dywedir *perthyn trw sbeinglas* (spying glass). Yn Sir y Fflint *perthynas coes bren*, a *perthyn trwy Adda* yn Llŷn, a *perthyn o ben coeden*. Mae *perthyn trwy'r twlle* yn ddywediad mewn rhannau o Sir Gâr, a *perthyn nôl yn yr ache* mewn mannau, gyda *co's ôl mam-gu* yn Llanllwni. Ar yr un trywydd, nododd un bod ei gyfaill Gogleddol yn dweud *perthyn trwy gacan* am 'berthyn trwy briodas', a *perthyn trwy dwll* am 'berthyn drwy waed'.

Pyllau trai

Holwyd beth oedd 'rock pools' yn Gymraeg, sef y pyllau o ddŵr môr rhwng cerrig ar ôl i'r llanw gilio, lle bydd plant yn ceisio crancod. Un ateb a ddaeth, sef yr un yn y teitl.

Pystylad a Stablan (cerdded yn yr unfan, 'to stamp')

Gair sy'n gyfarwydd yma ac acw, e.e. *Ma'r da'n pystylad wrth y gât* (Rhydaman), neu *pystylad fel ceffyl gwedd* (Arfon), gyda'r ynganiad *(py)stylad* yn Hiraethog a *pystynad* yn Llanddewi Brefi. Ym Môn clywir *magnu'r ddaear* a hefyd *(py)stylu*. Yng Nghymoedd y De a Maldwyn nodwyd *stablan* gyda *stablo* ym Mhont-rhyd-y-fen, *stablyd* yn Llandybïe. Ym Maldwyn gellir ceryddu rhywun oherwydd bod dillad y gwely yn flêr ac wedi *stablu*, tra bo rhai yn Sir Gâr yn defnyddio'r gair hwn am wallt anniben.

Mae tarddiad *pystodi* yn ansicr, ond efallai fod perthynas â *pistāre* 'pwyo' mewn Lladin Llafar Hwyr, a hefyd *pystodi* am wartheg yn rhedeg yn wyllt. Benthyciad gweddol ddiweddar o'r Saesneg yw *stablan*.

Scrambled Eggs

Mae'n rhaid imi gyfaddef mai *wy(a) 'di sgramblo*, neu hyd yn oed *sgrambyld egs* ddywedwn i yn ifanc, ac mae'r rhain hyd heddiw yn gyffredin iawn. Ond mae llu o dermau llai Seisnigaidd ar lafar, rhai yn digwydd o fewn teuluoedd unigol yn unig ac eraill mewn cymunedau lleol.

Nodwyd bod *wy wedi'i ffusto* yng Nghwm Gwaun, *wy 'di'i gymysgu* ym Mhencader, *wy 'di'i whalu* yn Rhydaman ac *wy 'di'i wado* yng Nghwm Gwendraeth. Digwydd *wy 'di'i guro* yn ardal Porthmadog, *wy 'di'i gnocio* o Lŷn i Fôn, *wy 'di'i waldio* yn Nantlle ac mae *wy 'di'i rwdlian* yn ddigon cyffredin yn Llŷn ac Arfon. Nododd un y bathiad creadigol 'wy cwmwl yn tŷ ni!'.

Ond o ble daw'r gair *wy*? Mae i hwn hanes diddorol. Byddai ieithegwyr yn tarddu hwn o ffurf Gelteg **āwjo-*. Cofiwch mai *i*-gytsain yw ystyr *j* yn y cyd-destun hwn. Daw hwn yn ei dro o'r gair Proto-Indo-Ewropeg am *wy*, sef **h₂ōwyo-* 'wy' (IEW 783). Mae hwn yn tarddu o **h₂ewi-* 'aderyn', rhywbeth fel '*chewi-*' yn orgraff y Gymraeg. Mae llawer o newidiadau seinegol cymhleth wedi digwydd yma, ac nid dyma'r lle i fanylu arnynt oll.

Mae hwn i'w weld yn y gair Lladin '*avis*', a roddodd eiriau fel '*aviary*' ac '*aviation*' yn y Saesneg. Gair mewn Ffrangeg Canol yw '*ospriet*', a ddaw'r o'r term Lladin Canoloesol '*avis prede*' (aderyn ysglyfaethus), sef '*osprey*'. Ceid hefyd mewn Lladin Llafar Hwyr '*avis struthio*', sef '*ostrich*'.

Nid anodd gweld bod geiriau Lladin eraill fel '*ovary*' ac '*oval*' hefyd yn tarddu o'u gair hwy am *wy* (*ovum*). Ffurf fachigol am wy mewn Persieg Canol oedd '*khaya*'. Rhoddodd hwn '*khaviyar*', a mabwysiadodd yr Eidaleg y gair fel *caviare*, a theithiodd i'r Ffrangeg a'r Saesneg fel '*caviar*'.

Nid '*egg*' oedd y gair Saesneg gwreiddiol am wy, ond '*eye, eai*' (Saesneg Canol). Meddyliwch am eiriau Germaneg eraill fel '*ei*' mewn Almaeneg. Gair gogleddol, o darddiad Llychlynaidd, oedd '*egg*', ond am ryw reswm disodlodd y gair Saesneg brodorol yn ystod yr Oesoedd Canol. Mae gan yr argraffydd Caxton (o'r bymthegfed ganrif) hanesyn bach enwog am fasnachwr (o Ogledd Lloegr mae'n debyg) yn holi am wyau mewn tafarn yn Llundain.

And the goode wyf answerde, that she coude speke no frenshe. And the marchaunt was angry, for he also coude speke no frenshe, but wolde have hadde egges, and she understode hym not.

Nawr am stori fach. Cychwynnwn gyda'r Hen Saesneg '*coc<u>e</u>na* 'wy ceiliog'. Yr <u>e</u> yw'r ffurf am wy (genidol lluosog '*æg*' yw). Dyma'r ymadrodd am yr wy gwaethaf mewn nythaid, fel pe cawsai ei ddodwy gan geiliog! Datblygodd hwn yr ystyr 'plentyn wedi ei ddifetha' ac wedyn, yn sarhaus braidd, 'un sy'n byw mewn dinas'. O fewn ychydig daethpwyd i ddefnyddio hwn ar gyfer trigolion rhan arbennig o Lundain, sef yr East End, a dyna (mae'n debyg) yw tarddiad *Cockney*.

Felly dyna ni, mae *wy*, '*aviation*', '*osprey*', '*oval*', '*ostrich*', '*caviar*', '*egg*' a '*Cockney*' oll yn tarddu o air am aderyn gan farchogion ceffylau crwydrol tua chwe mil o flynyddoedd yn ôl rywle sydd heddiw tua dwyrain yr Wcráin.

Shoelaces

Crïe neu *crïa* sydd yn y Gogledd ac yma ac acw yn y De. Ond *lasys* yw'r ffurf arferol yno, gyda *lasen* am un. Ffurf lafar ar *careiau* yw'r uchod, ond mae *carre* yn digwydd yn y Gogledd-ddwyrain. Digwydd y lluosog *carïon* (careion) yn Nhregaron. Nodwyd yng Ngheredigion ddefnyddio *carre* ar gyfer rhai lledr. Mae'r ffurf unigol *cara* yn hysbys yma ac acw yn y Gogledd, ond mae'n weddol ddieithr i lawer. Yn Sir Ddinbych mae *care* a'r lluosog *careie* yn hysbys.

Un o'r geiriau niferus a ddaeth o'r Lladin '*corrigia*' yw *carrai*. Mewn Lladin llafar gellid dweud '*excorrigiare*' am *chwipio*, ac ar ôl oedi yn y Ffrangeg am gyfnod aeth i'r Saesneg fel '*scourge*' sef chwipio. Daw *lasys* o'r Saesneg, ddaw yn ei dro o'r Ffrangeg ac o'r Lladin '*laqueum*', a rhoddodd hwn y Sbaeneg '*lazo*' a ddaeth inni fel '*lasso*' y cowbois.

Sigil-gnoi (WVBD 489)

Dyma ymadrodd o ardal Bangor a gofnodwyd dros ganrif yn ôl, am 'troi bwyd o gwmpas yn y geg' e.e. 'Paid â sigil-gnoi dy fwyd, llynca fo.' Erbyn hyn dim ond yma ac acw yn y Gogledd-orllewin mae'n hysbys.

Simdde

Holwyd beth oedd *'chimney'* yn Gymraeg, a hefyd beth oedd y lluosog. Mae cryn dipyn o flerwch, yn enwedig gyda'r lluosog. Fel yr eglurodd bardd-hanesydd o Drawsfynydd nid yw'r lluosog yn debygol o godi'n aml iawn mewn sgwrs. Mae gan y Gymraeg gymaint o ddulliau o lunio'r lluosog fel nid oes cysondeb gyda'r gair benthyg hwn.

Dechreuaf gyda *simne*, y ffurf sydd agosaf at *chimney* yn Saesneg. Mae hwn yn digwydd yma ac acw yn y Gogledd, er mai *simdde* yw'r ffurf fwyaf cyffredin (gydag *-a* yn y sillaf olaf yn y Gogledd-orllewin). *Simne* sydd hefyd yn arferol yng Ngheredigion a Sir Gâr, ond mae *shime* yn digwydd yma ac acw hefyd. Yng Nglynceiriog cafwyd *shifne*. Yn y Cymoedd *simle* yw'r ffurf. Yn yr Hendy a Chwm Gwaun nodwyd *shwmle*.

Sut mae gwneud synnwyr o'r holl amrywio hwn? Yr anhawster amlwg yw gyda'r clwstwr *-mn-* sef dwy sain drwynol. Yr hyn sy'n digwydd yma yw dadfathiad, sef newid un sain i fod yn fwy gwahanol, felly cawn *simdde*. Ond sylwer mai ffurf dafodieithol ger gororau'r Gogledd oedd *chimdey*, felly tybed ai addasiad o hwn yw. Hawdd fuasai tybio mai dadfathiad sy'n gyfrifol am y ffurf *simle* hefyd, ond nid dyna yw. Ffurf ar *chimley* yw sef unig ffurf De-orllewin Lloegr.[11]

Beth am y lluosog? Nid oes darlun eglur o gwbl ond nodwyd y canlynol: *simneua* (Arfon, Llŷn), *simfeydd* (Môn), *simddïe* (Môn), *simnïe* (Brynaman), *simeie* (Llandysul), *simneoedd* (Sir Benfro).

Nodwyd mai'r *simdde* mewn gwirionedd yw'r hyn sydd yn y tŷ, tra mai *corn simdde* sydd ar y to. Digon cyffredin yw gweld llawer o'r rhain felly nodwyd mai *cyrn simdde* oedd y lluosog cyffredin.

Rydym eisoes wedi gweld bod y gair hwn yn dod o'r Saesneg. Nid yw hyn yn syndod oherwydd mai dim ond tua'r unfed ganrif ar bymtheg y dechreuodd simneiau gael eu gosod yn nhai'r dosbarth canol. Roeddynt eisoes yn gyffredin yn nhai'r uchelwyr ac mewn adeiladau fel cestyll. Mae un i'w gweld yng nghastell Dolbadarn, ond os ewch Gastell y Bere cylch o gerrig a welwch yng nghanol y twr – colofn oedd hon ar gyfer y llawr uwch

---

[11] Gweler UPTON, C. & WIDDOWSON, J. D. A. 1996. An Atlas of English Dialects, Oxford University Press (ffig. 73).

ei phen, ac arni hi y byddid yn cynnau tân, gyda'r mwg yn araf ddianc trwy'r to. O'r Hen Ffrangeg *'cheminee'* y daw, a hwn yn ei dro yn barhad o'r term Lladin Llafar Hwyr '(*camera*) *caminata*' (ystafell a chanddi le tân), a ffurf ansoddeiriol ydyw ar *'caminus'* (ffwrn, efail, aelwyd). O'r gair *'kaminos'* (ffwrnes, odyn) yn yr iaith Roeg (iaith fwyaf yr Ymerodraeth Rufeinig ar y pryd) y daw hwn, ond mae ei darddiad dyfnach yn anhysbys. Mae'n bosib bod hwn yn un o'r geiriau benthyg niferus yn yr iaith honno a ddaw o ieithoedd coll, felly pan fyddwch yn sôn am simdde efallai eich bod yn defnyddio gair a ddaw yn y pen draw o ryw iaith ddiflanedig yn ne-ddwyrain Ewrop.

Sleid, siŵt

Syndod i mi oedd clywed bod Hwntws yn dweud *siŵt* am *sleid*, a bod pobl y Rhos(llannerchrugog) yn dweud *sgleren*. Ond mae *llithren*, a nodwyd gan rai yn y Gogledd, yn dod yn fwy cyfarwydd i'r to ifanc, dan ddylanwad Cymraeg yr ysgolion fe ymddengys. Nodwyd sglefr yn ardal Bangor ganrif yn ôl, ond dim ond ambell un yn Arfon oedd yn dal i gofio amdano. O'r Saesneg *'chute'* a *'slide'* wrth gwrs, ac efallai bod *sglefr* yn dod o'r gair Saesneg tafodieithol *'sclither'*.

Stitch

Beth yw'ch gair chi am y 'gwayw neu boen sydyn lem, yn enw. yn yr ystlys, yn aml o ganlyniad i redeg neu ymarfer'? Maddeuwch imi am ddyfynnu o *Eiriadur Prifysgol Cymru* yma.

Yn y Gogledd-orllewin a Meirionnydd mae *pigyn gwynt* yn arferol, gyda *pigyn yn fy ochor* yng ngweddill y Gogledd. Yr unig ateb a ddaeth o'r De oedd eu bod yn defnyddio 'stitch', a rhaid cydnabod bod hwn ar lafar yn y Gogledd hefyd.

Nid yw'n hollol sicr o ble daw'r gair *pig*. Mae GPC yn amau mae benthyciad yw o'r Saesneg *'pike'* ond nodir hefyd bod enwau lleoedd yng Nghernyw ar ffurf *'Pyg'*, a yngenir fel y Gymraeg. Prin yw'r enghreifftiau a cherrig yn y môr ydynt, ac mae'n debyg nad ydynt yn tarddu o hen air Cernyweg. Efallai mai o'r Lladin y daw yn y pen draw ond mae llawer yn aneglur. Nid oes dim yn aneglur yn hanes y gair *gwynt* – mae hwn yn gytras â 'wind' yn Saesneg a *'ventvs'* yn Lladin. Yn y bôn y gwreiddyn yw **we-* 'chwythu'. Mae'r gair Lladin wedi rhoi geiriau Saesneg fel 'vent' a 'ventilator'. O'r gwreiddyn y daw hefyd y gair Saesneg 'window', a ddaw o Hen Norseg *'vindauga'* (wind eye), sef twll yn y to. Ac os ydych am rywbeth mwy ysbrydoledig myfyriwch am y gair Sansgrit Nirvana, sef 'chwythu allan' yn llythrennol.

Tai Tafarnau Cymraeg

Mae tŷ tafarn yn lle da i gael sgwrs yn yr heniaith a holwyd am y rhai lle'r ydych yn debyg o glywed y Gymraeg. Mae tri diben i holi hyn: 1) Mae'n wybodaeth gymdeithasegol ac ieithyddol bwysig, 2) Mae'n cynnig cyfle i siaradwyr mewn ardal ddieithr gymdeithasu yn Gymraeg, 3) Mae'n gymorth i ddysgwyr. Dyma'r atebion:

Angel – Llandysilio
Black horse – Pentrecwrt
Bryn hir – Criceith
Butchers – Llanddarog
Cann Office – Llangadfan
Castle – Criceith
Cilgwyn Ucha – Llandysul
Clwb Rygbi Castellnewydd Emlyn
Clwb Rygbi Cefneithin
Clwb Rygbi Crymych
Clwb Rygbi Cwm-gors – Gwauncaegurwen
Clwb Rygbi Pont-iets
Clwb Rygbi Pontyberem – Cwm Gwendraeth
Clwb Rygbi Tregaron
Clwb Rygbi y Tymbl – Cwm Gwendraeth
Clwb Rygbi'r Aman – Glanaman
Clwb y Bont – Pontypridd
Clwb y Gweithwyr – Pontyberem
Cross Foxes – Trawsfynydd
Crymych Arms – Crymych
Eagles – Llanfihangel-ar-arth
Ffostrasol Arms
Ffowndri – Llangefni
Fic – Felinheli
Gardd Fôn – Felinheli

Glanyrafon – Talgarreg
Glyntwrog – Llanrug
Griffin – Penrhyndeudraeth
Halcyon Quest (HQ) ym Mhrestatyn bob nos Fercher.
Harbourmaster – Aberaeron
Hawk & Buckle – Llannefydd
Holland Arms – Gaerwen
Holland Arms – Pentre Berw (Môn)
Iron Duke – Clunderwen
Joiners, Malltraeth – Ynys Môn.
Kings Arms – Llandysul
King's Head – Capel Hendre
Llew Gwyn – Cerrig y Drudion
Llindir – Henllan
Llwyndafydd – Saron, Llangeler
Llwyngwair Arms – Trefdraeth
Market – Llangefni
New Inn – Llanddewi Brefi
New Inn – Pontyberem
New Lodge – Pontyberem
Oakeley Arms – Maentwrog
Panton Arms – Pentraeth
Pantyblaidd – Blaenwaun
Pelican – Castell Newydd, Sir Gâr
Pen y Cefn – Llandegfan, Môn
Pen bont – Llanrug
Penlan Fawr – Pwllheli

Penllwyndu – Llangoedmor
Pilot Inn – Dulas, Ynys Môn.
Porto – Llandysul
Prince of Wales – Porthyrhyd
Railway – Nantgaredig.
Red Lion – Cyffylliog, ger Rhuthun
Salutation – Felindre Farchog
Ship – Trefriw
Ship Aground – Talsarnau
Square & Compass – Llandyfan, Rhydaman
Tafarn Bessie – Cwm Gwaun
Tafarn Sinc – Maenclochog (Penfro)
Tafarn y Bull – Pentraeth
Tafarn y Grange – Grangetown, Caerdydd
Tafarn y Plu – Llanystumdwy
Tafarn yr Iorwerth – Bryngwran, Môn
Tafarn yr Oen – Llanboidy
Tap – Blaenau Ffestiniog
Tŷ Gwyn – Llanfairpwll
Tŷ Gwyn – Rowen.
Tŷ Newydd – Aberdaron
Wellington – Deiniolen
White Swan – Llan-non, Ceredigion
Whitehall – Pwllheli
Wyrcis – Pontyberem
Y Bont – Bron-nant, Ceredigion
Y Bont – Llanglydwen
Y Bull – Llangefni
Y Bull – Llannerchymedd
Y Bush – Llandybïe
Y Celtic (yr hen Brecon Arms) – Llanelli
Y Cilgwyn – Llandysul
Y Dderwen – Penrhyndeudraeth
Y Derlwyn – Brynaman
Y Dyfi – Glantwymyn
Y Ffenics, Gors-las
Y Fic – Llithfaen (Arfon)
Y Foelas – Pentrefoelas
Y Glôb – Bangor Uchaf
Y Grapes – Maentwrog
Y Gwachel (Pontardawe Inn) – Pontardawe.
Y Gwynedd – Llanberis
Y Lansdowne – Treganna
Y Llew Coch – Dinas Mawddwy
Y Llew Coch – Drefach Felindre
Y Llew Du – Tal-y-bont, Ceredigion
Y Mochyn Du – Caerdydd
Y Pengwern – Llan Ffestiniog
Y Penllwyndu – Llangoedmor (ger Aberteifi)
Y Pic – Rhydaman
Y Porth – Llandysul
Y Prince – Llanddarog.
Y Rampin, Cilgerran
Y Red Lion – Llansannan
Y Ring – Rhos-goch, Sir Fôn
Y Ring/Brondanw – Llanfrothen
Y Sgwâr – Castellnewydd Emlyn
Y Talardd – Llanllwni
Y Talbot – Tregaron
Y Twˆr – Trefor (Arfon)
Y Fêl (Vale) – Felinfach (Dyffryn Aeron)
Y Wern Fawr – Ystalyfera
Yr Eagle – Llanfihangel ar Arth
Yr Eryr – Llanuwchllyn (Meirionnydd)
Yr Heliwr – Nefyn
Yr Hen Lew Du – Aberystwyth
Yr Iorwerth – Bryngwran
Yr Unicorn – Dolgellau

Pob un ym Methesda, Caernarfon, Pwllheli a Llangefni. Ac wrth gwrs unrhyw dafarn yng Nghymru cyn gynted ag y cerddo Sais i mewn.

Talmaen
Dyma air sy'n weddol brin erbyn hyn ac ond yn gyfarwydd yn y Gogledd-orllewin. Y *talmaen* yw rhan uchaf trionglog talcen tŷ, o'r gwteri i fyny.

Tecstiaith
Dyma'r talfyriadau neu acronymau a ddefnyddia'r Cymry heddiw wrth decstio:

AAB – Allan am beint.
AHOB – Ar hyn o bryd.
BSB – Be sy'n bod?
BTN – Be ti'n neud.
BYO – Bod yn onest
CBH – Cyn bo hir.
CGAPH – Cyn gynted â phosibl.
CHYU – Chwerthin yn uchel (LOL).
CM – Cariad mawr.
DdYS – Ddo i yn syth.
DGOG – Dim gobaith o gwbl.
DIG – dos i grafu (i gachu).
DYFI – Diolch yn fawr iawn.
DYG – Deud y gwir.
FOG – Faint o'r gloch?
GOBS – Gobeithio.
LLaPH – Lle a phryd?
LlTM – Lle ti'n mynd.

MBO – Ni wn.
MOM – Mas o Ma'.
MOMGFG – (ynganu fel em o em ji eff ji), Mas o ma', go ff**in glou!
OGYDD – Os gwelwch yn dda.
OK Q – Ok cyw.
OMB – O mam bach!
P – Parch
PBH – Pen-blwydd Hapus.
PCh – Piso chwerthin.
PMC – Pryd mae'n cychwyn?
T – Ti
TaV – Ti a fi
TD – Wyt ti wedi?
TT – Twt, twt.
TTTT – Ta-ta tan toc.
WDW – Wela i di wedyn.

Teulu
brawd / brodyr
Mae'n rhaid mai *brawdr* oedd y ffurf mewn Hen Gymraeg. Gwyddom hyn oherwydd y ffurf Hen Lydaweg 'brotr', y Gernyweg Canol 'broder' a'r Hen Wyddeleg '*bráthir*', sydd oll yn dangos yr -*r* ar y diwedd. Ceir cadarnhad o hyn mewn enw Celteg yng Ngâl sef '*Bratronos*'. Ar sail yr holl ieithoedd sy'n disgyn ohoni gallwn ailffurfio'r gair Indo-Ewropeg sef *$b^h reh_2 t\bar{e}r$*. Peidiwch â phoeni gormod am yr holl sumbolau y mae'r ieithegwyr yn eu

defnyddio. Rhyw *b* ag anadliad ar ei hôl oedd b^h, a rhywbeth tebyg i '*ch*' oedd h^2. Mae'r llinell uwchben yr *ē* yn dangos ei bod yn hir. Meddyliwch mor debyg yw'r gair Saesneg '*brother*'. Yn yr ieithoedd Germaneg trodd *t* yn *th*, ac yn ddiweddarach yn sain fel ein *dd* ni. Yn yr iaith Ladin trodd b^h- yn *f*-, gan roi '*frāter*', fel ag yn '*fraternity*', sef 'brawdoliaeth'. Rhoddodd hwn *frère* yn y Ffrangeg, ac o hwn y daeth y gair *friar*, am y mynachod crwydrol. Yn ogystal â'r ffurf luosog *brodyr* roedd gennym ffurf ddeuol tan gyfnod Cymraeg Canol, e.e. *deu froder*.

Mewn Proto-Indo-Ewropeg roedd terfyniad -*ter* yn cyfeirio at aelodau o'r teulu, ac mae hwn i'w weld mewn geiriau fel yn y Lladin '*pater*', '*mater*', y Saesneg '*brother*' a'r Gymraeg *brawd(r)* a *modryb*. Cofiwch fod *modr(yb)* yn cyfateb i '*mother*' yn y Saesneg a '*mater*' yn y Lladin, a bod yr elfen i'w gweld hefyd yn yr enw chwedlonol Modron, ac yn y gair *modrydaf* (modr+bydaf 'haid') sef ein gair ni am '*queen bee*'.

chwaer / chwiorydd

Petai dylanwad y Gogleddwyr yn llai efallai mai'r ffurf hanesyddol *hwaer* y byddem yn ei hysgrifennu. Gyda hon mae'n haws dangos y berthynas ag ieithoedd eraill. Yn y bôn trodd *s*- y Gelteg yn *h*- ddechreuol y Gymraeg, gydag eithriadau. Meddyliwch am y geiriau *Hafren* yn Gymraeg a *Severn* yn Saesneg, ill dau o '*Sabrina*', enw a fenthyciwyd yn gynnar gan y Saeson. Y gair Proto-Indo-Ewropeg am *chwaer* oedd **swesor*, ac o hwn y daeth '*soror*' yn y Lladin. Meddyliwch am '*sorority*' a'r Ffrangeg '*soeur*' a'r Saesneg '*sister*'.

Rydw i eisoes wedi trafod *cefnder* a *cyfnither* yn Amrywiaeth 3, ac *ewythr / modryb* yn Amrywiaeth 2 felly ni wnaf ailadrodd yma.

cyfyrder, cyfyrderes

Mae *cyfyrder* 'second cousin' yn hysbys yn eang, a'r ffurf fenywaidd *cyfyrderes* hefyd. Roedd *cyfyrdres* yn fwy cyffredin yn y Gogledd. Nododd sawl un mai *ail gefnder* oedd bellach ar lafar. Yng Ngheredigion nodwyd *cyfyrdderes*. Yn y Gogledd nodwyd *cyfyrdryd* fel y lluosog, ond ni chynigiwyd lluosog ar gyfer *cyfyrderes*. Mae'n amlwg bod *cyf*- a *der(w)* (cf. *cefnder(w)*) yn y gair hwn, ond mae tarddiad y rhan ganol yn dywyll.

ŵyr, wyres etc.

Yn *The Welsh Vocabulary of the Bangor District* (1913) nodwyd y canlynol:

ôr ŵyr / oer ŵyr (gorŵyr) – great grandson
oer oer ŵyr – great great grandson
ôr sgynnydd (goresgynnydd) – great great grandson

Mae gorwyr yn ddigon cyffredin ledled y wlad, efallai dan ddylanwad yr iaith lenyddol, ond mae *goresgynnydd* yn gwbl ddieithr.
    O ran ei darddiad mae ansicrwydd. Cynigiwyd mai o'r Lladin '*hēres*' (etifedd) y daw – meddyliwch am '*hereditary*' ac ati. Mae GPC yn ei gysylltu'n betrus â'r gair Gwyddeleg *ó*, a byddai felly'n cyfateb i'r hyn a welwn mewn enwau fel *Ua Néill* (O'Neill) sef 'ŵyr/disgynnydd Níall'.

mam-gu a tad-cu, nain a taid
Mae lluosogi *taid* a *nain* yn ddigon hawdd, ond sylwer bod mwy o drafferth gyda *mam-gu* a *tad-cu*. Dywed *Geiriadur Prifysgol Cymru* wrthym fod *mamguod* ar lafar yng Ngheredigion. Ond *mamgus* a *datcus* sydd yn y Cymoedd, a'r ynganiad yw *myng-gi* fel arfer a *dy-ci*.
    Nodwyd y byddai plant Caergybi yn arddel *daid* neu *daidi*.

Termau coll
Rydym wedi colli llawer o'r hen eiriau am berthnasau, ac wedi mabwysiadu'r dull Saesneg '*yng nghyfraith*'. Ond ganrifoedd yn ôl, dan Gyfraith Hywel Dda a oedd mewn grym tan 1536 a'r Deddfau Uno, roedd hi'n hanfodol i'r Cymry wybod pwy oedd yn perthyn iddyn nhw 'hyd y nawfed ach' – oherwydd roedd cyfrifoldebau ganddynt dros y fath berthnasau. Roedd gwybod sut yn union yr oeddech yn perthyn i rywun arall felly o bwys mawr. Roedd gennym *caifn*, *gorchaifn* a *gorchaw* am '3rd, 4th, 5th cousin'. Noda *Geiriadur Prifysgol Cymru* fod '*cefn*' ar lafar yn Arfon, ond nis nodwyd gan neb.
    Daw *caifn* (3rd cousin) o **kom-nepōts*, yn y bôn o *cyf+nai*. Chwegr yw 'mam-yng-nghyfraith', a daw o **swekr-*. Meddyliwch am '*suegra*' yn y Sbaeneg, sy'n dod o'r Lladin '*socer*'. Chwegrwn yw '*father-in-law*'. *Dawf* yw '*son-in-law*' a daw hwn o'r gwreiddyn Celteg **dām-* ac mae'n gytras â '*domus*' (tŷ) yn y Lladin. Mae'n amlwg bod rhyw gysylltiad â'r syniad o ddod (â'r briodasferch?) i'r cartref neu â dôd yn rhan o lu'r tŷ, yr osgordd. Ond wna i ddim mentro ar gynnig ateb pendant yma. *Gwaudd* yw '*daughter-in-law*', a daw o **wo-sed-* (go+sedd), yr un sy'n 'eistedd o dan' yn llythrennol. I'r rheiny sy'n gyfarwydd â'u Beibl roedd llawer o'r rhain yn gyfarwydd ond i'r rhan fwyaf roeddynt yn gwbl ddieithr.

Tin

Rhag ichi feddwl bod y drafodaeth hon yn rhywiaethol rhaid nodi mai gwragedd yn bennaf a roddodd yr atebion isod, a gwraig hefyd a sbardunodd y drafodaeth wreiddiol. A hefyd cyfeirio at ddynion a wnâi llawer.

Holi am din 'fel torth Iwerddon' a wnaethpwyd i gychwyn, a'r drafodaeth wedi'i seilio ar eglurhad ar flog Gwasg Carreg Gwalch. Mae torth soda fawr Wyddelig sydd â hollt i lawr y canol, sydd yn wir yn peri ichi feddwl am rych tin. Felly dyma'r cymariaethau a ddaeth i law:

> *Tin fel trol* (Dyffryn Banwy), *pen ôl fel talcian tas* (Mynytho), *tin fel noe* – sef dysgl fawr i dylino bara (ardal Caernarfon), *tin tancar* (Caernarfon), *pen-ôl fel hocsiad* – sef casgen (Eryri), *pen-ôl fel Dutchman* (Llŷn), *tin fel talcen wyrcws* (Glynllwchwr).

O ble daw'r gair hwn? Wel mae'n digwydd yn y Gernyweg hefyd fel *'tyn'* a *'teen'* a'r gair sy'n cyfateb yn yr Wyddeleg yw *'tóin'*. Efallai eich bod yn gyfarwydd â'r ymadrodd Gwyddeleg *'póg mo thóin'* sef 'cusana fy nhin'! O'r ymadrodd hoffus hwn y cafodd y grŵp *The Pogues* ei enw. O'r gair Proto-Gelteg *tūknā* y daw hwn, a hwnnw yn ei dro yn tarddu o'r gwreiddyn Proto-Indo-Ewropeg *teuk-. Efallai ichi gofio imi sôn mewn mannau eraill am Reolau Grimm (Grimm's Laws) hynny yw newidiadau a ddigwyddodd ym mamiaith yr holl ieithoedd Germaneg, sef Proto-Germaneg. Yn ogystal â bod yn gasglwyr llên gwerin Almaenaidd yr oedd y brodyr hyn hefyd yn ieithegwyr penigamp. Felly yn ogystal â chyhoeddi straeon megis 'Eira Wen a'r Saith Corrach' sylwasant fod yr ieithoedd Germaneg wedi 'treiglo'n llaes'. Hynny yw, yn union fel gyda'n treiglad llaes ni cafodd pob *p*, *t* a *c* eu treiglo'n *f*, *th* a *ch*. Nawr 'te, bôn y gair uchod yw *teuk-. Ar ôl gweithredu rheol Grimm rhoddodd hwn, yn y man, y gair Hen Saesneg *þēoh* (h.y. 'theoch' yn y Gymraeg) ac erbyn heddiw y gair modern Saesneg *'thigh'*. Felly mae *'thigh'* a 'tin' yn gytras.

Toethan a Coethan

Dyma ddau air dieithr eu hanes. Mae *toethan* yn golygu 'cwmpo mas, ateb nôl, tynnu'n gro's' ac mae ar lafar o Gwm Gwendraeth i Bontarddulais. Ni wyddom o ble y daw ond cynigiodd rhywun ei fod yn dod o *doethi*, a hwnnw yn ei dro yn deillio o *doeth*. Dyma sut mae *Geiriadur Prifysgol Cymru* yn diffinio *doethi*: 'siarad yn dafodrydd, clebran yn wamal' ac yn

Saesneg '*to chatter flippantly, prate pertly*'. Ni fyddai caledu *d-* yn *t-* yn rhyfedd. Os felly byddai'n tarddu o'r gair Lladin '*doctus*', fel *doctor*. O Gapel Iwan i Frynaman a Phont-rhyd-y-fen mae *coethan* yn gyffredin, e.e. 'Gad dy goethan' (Paid ateb nôl), ac yn y Betws, ger Rhydaman 'Ma' digon o goeth 'da nhw.' Ymddengys fod hwn yn dod o *coeth* (pur, glân, cain, gwych etc.), ond nid yw'n eglur imi sut y datblygodd yr ystyr 'cweryla'. Golyga *coethi* 'cyfarth' yn y Gogledd. Efallai y gellid dadlau dros ddatblygiad fel *puro* (*brwd*) > *curo* > *baldorddi*, ond dyfalu yw hyn. Nid oes unrhyw sicrwydd bod y ddau air yn perthyn i'w gilydd yn hanesyddol, ond mae'r tebygrwydd yn yr ystyron, a'r ffaith eu bod yn digwydd mewn ardaloedd cyfagos, yn awgrymu y bu rhyw gymysgu rhyngddynt.

Trawsosod (*metathesis*)

Trawsosod yw'r broses pan fo sain yn newid ei lle mewn brawddeg. Mae'n broses gyffredin yn ieithoedd y byd. Dyma bedair enghraifft sy'n dangos y broses ar waith yn yr iaith Sbaeneg, iaith sy'n deillio o'r Lladin:

Lladin		Sbaeneg
parabola	>	*palabra* 'gair' (parabl)
miraculum	>	*milagro* 'gwyrth'
periculum	>	*peligro* 'perygl'
crocodilus	>	*cocodrilo* 'crocodeil'

Gosodaf isod y geiriau Cymraeg perthnasol a nodwyd:
bewri (berwi) – Arfon
canddo (cadno) – Ystradgynlais, Gors-las
chwalar (chwarel) – Gogledd Môn
clasgu   (casglu) – Dyffryn Aman, Blaenau Morgannwg (fel '*klask*' yn y Llydaweg)
cwiddyl (c'wilydd) – Dyffryn Aman, Ceredigion
cyrnoi (crynhoi) – Pontarddulais
cyrnu (crynu) – Cwm-gors, Dyffryn Aman, Botwnnog
denfydd (defnydd) – Ceredigion, Sir Gâr
drychynllyd (dychrynllyd) – Pontarddulais
giddyl (gilydd) – Dyffryn Aman,
llerfith (llefrith) – Arfon
llyrf (llyfr) – Arfon
mawlod (malwod) – Caernarfon

pyrnu (prynu) – Cwm-gors, Llanelli, Dyffryn Aman, Ceredigion, Llŷn
talfu (taflu) – Bethesda
trenfu (trefnu) – Sir Gâr
wsnoth (wythnos) – Cwm Tawe, Ceredigion
ysgwan (ysgawn < ysgafn) – Llanelli

Nododd sawl un fod yr arfer ar drai, ac mai nodwedd o'r hen do yw. Mae'n debyg bod rhai yn lleol iawn, ond o'r lleol mae newidiadau cenedlaethol yn lledu. Diddorol yw nodi *pyrnu* ym Môn ac yn y De hefyd. Newid analogaidd yw hwn, hynny yw mae'n digwydd yn annibynnol mewn dau le.

Treiglad Llaes

Mewn Cymraeg safonol dywedir '*ei choes hi*' ac '*ei goes ef*'. Treiglad gweddol ymylol yw'r treiglad llaes, o leiaf o'i gymharu â'r treiglad meddal. Mae'n digwydd mewn llawer llai o gyd-destunau gramadegol. Prin yw'r bobl heddiw a fyddai'n treiglo'n naturiol ar ôl tri e.e. *tri thractor*. Treiglad 'diangen' ydyw mewn gwirionedd – hynny yw nid yw'n hanfodol o ran deall yr ystyr, tra bo *ei throed* yn bwysig er mwyn dangos mai merch yw'r gwrthrych, tra bo *ei droed* yn cyfeirio at ddyn. Felly hefyd y treiglad ar ôl *a*. Mae'r ddau wedi'u ffosileiddio mewn ymadroddion fel *tri chant*, *chwe chant* ac weithiau *ci a chath*. Ond gwanhau mae'r treiglo ar ôl *ei*. Un o'r rhesymau am hyn yw bod modd cyfleu cenedl y gwrthrych gyda'r rhagenw yn unig:

ei phlant	>	*ei phlant hi*	>	*plant hi*
ei blant	>	*ei blant ef/o*	>	*plant fe/fo*

Mae hyn hefyd yn cydymffurfio â chystrawen meddiant arferol y Gymraeg sef *plant Anwen, plant yr ysgol, plant hi*. Nid oes cyferbyniad cyffelyb yn y Saesneg ychwaith, gwahanol yw – '*Anwen's children*' a '*the children of the school*'. Yr hyn a nodwyd oedd mai ymysg y rheiny a anwyd wedi 1980 y datblygodd hyn. Byddwn i'n amau mai cyfuniad o ffactorau sy'n cyfrannu at beri'r newid: gwanychu'r broydd Cymraeg, llai o ddylanwad o Gymraeg llenyddol (y Beibl ac ati), gwanychu cyffredinol y treiglad llaes a chydymffurfio â'r gystrawen meddiant arferol. Agwedd arall ar hyn yw bod plant yn arddel patrwm fel 'plant hi' ac weithiau nid ydynt yn meistroli cyfundrefn hanesyddol y genidol. Mae nifer o ieithegwyr yn amau mai dyma un o brosesau mwyaf grymus newid iaith – plant yn arloesi ac yn dal at y ffurfiau newydd wrth brifio.

Treiglo Dwbwl
Yn achlysurol yn y Gymraeg mae geiriau yn gallu treiglo ddwy waith e.e.

Mae 'na fotel o lefrith ar y bwrdd. (Môn)
Dwy fotel. (Gwynedd)
Mynd i Font-goch (Gwynedd)
Oedd 'na font yno. (Llanberis)
Mae 'na lawer o fobl ar y stryd. (Môn)

Efallai nad yw'r olaf yn cymharu'n llwyr â'r lleill oherwydd bod *bobl* wedi disodli pobl mewn rhai ardaloedd. Sylwer mai enwau benywaidd unigol ydynt oll. Er ein bod yn hoff o synied am y ffurfiau cysefin (heb dreiglad) fel y ffurf gywir neu waelodol y gwir yw bod y ffurfiau treigledig yn digwydd yn amlach mewn sgwrs. Cymerwch y gair *potel* (sydd eisoes yn dangos caledu b- > p-, o'r Saesneg '*bottle*') er enghraifft. Mewn sgwrs feunyddiol rydych lawn mor debygol o glywed pethau fel *y botel, fe weles i botel, dwy botel, rho fe yn ei botel e, am botel fach!* Yr hyn sy'n digwydd yw bod y ffurf dreigledig yn dod i gael ei hystyried yn ffurf gysefin, ac felly gellir ei threiglo. Dim ond gyda geiriau cyffredin iawn y digwydd hyn, ac yn rhyfedd ddigon mae'r enghreifftiau a nodwyd yn cychwyn gyda *p(o)-*. Ni wn am enghraifft o air sy'n cychwyn gyda *t-* yn gwneud hyn e.e. ***Mae 'na ddeisen ar y bwrdd*. Mae'n hawdd egluro pam nad yw'n digwydd gydag *c-*. Meddyliwch am *cadair* – ***Oes na adair wrth y bwrdd*. Byddai treiglo c- ddwywaith yn dieithrio'r gair yn ormodol. Mae un asterisg yn cyfleu ffurf y credwn oedd yn bod ar un adeg, tra bo dau asterisg yn cyfleu ffurf na fu erioed.

Tywydd Grifft
Dyma ymadrodd o Arfon ac Eifionydd, am dywydd llaith pan welir grifft (*frogspawn*) mewn ffosydd yn gynnar yn y gwanwyn. 'Noson dyner efo glaw mân ddiwedd Chwefror/ Mawrth – bydd llawer o lyffantod melyn ar y ffordd yn ei hel am y pyllau. Rhaid gyrru'n ofalus i drïo'u hosgoi. Dyna ydy tywydd grifft go iawn.' (Diolch Twm)

Wats / oriawr
Os oes arnoch chi eisiau trafodaeth fywiog holwch am y gair *oriawr* neu *wats*. Nododd llawer un na chlywson nhw erioed 'mo'r gair *oriawr* ar lafar yn naturiol mewn cymuned Gymraeg, ond dyma'r gair a ddysgir mewn

rhai ysgolion Cymraeg. Gall defnyddio gair llenyddol neu ddysgedig beri gofid i siaradwyr brodorol rhugl gan y gallant gael yr argraff bod eu Cymraeg nhw yn salach na Chymraeg 'cywir'. Cofiaf gael fy meirniadu gan Merfyn (a oedd yn Gymro glân, iach ei Gymraeg) pan oeddwn tua deuddeg oed. Edliwiodd imi am ddefnyddio *deg ceiniog* yn lle *ten pence* gyda'r awgrymu fy mod i'n siarad Cymraeg posh. Y cwestiwn yw ymhle (ble?) dylai pob unigolyn osod y ffin rhwng 'bratiaith' ac iaith aruchel. Fe'm brawychwyd yn ddiweddar ym Mhortmeirion gan lanc ifanc a'm cyfarwyddodd i fynd *i fyny'r path ar y lefft*, ond wedyn mi wn fod fy Nghymraeg i yn gyforiog o eiriau Lladin a Saesneg. Mater o gaugeio response y bobol dach chi'n siarad efo nhw ydi o. Mae pob iaith fyw yn newid, ond yn aml iawn pair hyn annifyrrwch i'r puryddion ac felly sefydlir cyrff fel yr Académie Française er mwyn gwahardd ambell erchyllbeth fel *le big-data* a *le testing*. Beth am godi sgwrs â ffrindiau am hyn oll?

Yn ôl at y gair uchod. Nododd un ei bod yn cofio'r darlithydd Cymraeg (Prifysgol Bangor) Dafydd Glyn Jones yn sôn am newid o fewn tair cenhedlaeth – o 'wats' i 'watsh' i 'wotsh'.

Whirlwind

Corwynt ydi'r gair arferol yn y Gogledd, ond yn y De cawn *trowynt* ac *awel dro*. Ym Maenclochog mae *cwthwm* tro yn hysbys.

Wishbone

Beth ydi eich gair chi am hwn, yr asgwrn fforchog y bydd dau yn ei dynnu, efallai â'r bys bach, a'r enillydd yn cael yr hawl i wneud dymuniad? Ei enw ffurfiol yw'r '*furcula*' ac mae'n gweithredu fel sbring i storio egni wrth i aderyn hedfan. Dyna pam y mae mor hyblyg. Yn Llŷn dywedir *asgwrn tynnu*, ond nodwyd *asgwrn coel* ym Mynytho ac *asgwrn lwc* yn y Rhondda.

Wyneb

Yr ynganiad Cymraeg gwreiddiol oedd *ŵyneb*, gyda deusain fel ag yn d*wy*. Trodd hwn yn *wyneb* a chan nad oes geiriau brodorol Cymraeg yn dechrau ag *w*-gytsain, tybiwyd mai *gw*- oedd, a dyma esgor ar *gwyneb* (a *gwmed* ym Mhenfro). Ond ni ddigwyddodd hyn ym mhob man, gan fod *wmed* yn arferol yng Ngheredigion. Byddwn i'n tybio bod *wyneb* wedi troi'n *wymeb*, hynny yw bod yr *n* wedi troi'n *m* oherwydd y *b* ar y diwedd, h.y. *wyneb* > *wymeb*. 'Cymathiad' y gelwir y broses hon, sef un sain yn ymdebygu i un arall mewn gair. Mae *m* a *b* yn ddwy sain ddwywefusol, un yn drwynol a'r llall yn *eneuol*, yn ffrwydro trwy'r geg. Ceisiwch eu hynganu a theimlwch yr effeithiau hyn. Mae *wy* yn troi'n *w* yn ddigon aml, ac felly dyma *wmeb*, ond wedyn byddwn i'n amau bod pobol, plant efallai, yn teimlo bod *m* a *b* yn rhy debyg! Ac wedyn mae'r broses o 'ddadfathu' yn digwydd, hynny yw gwneud un o ddwy sain debyg gyfagos rywfaint yn wahanol ac felly cafwyd *wmed*, gyda'r *b* yn troi'n *d*. Ond yr hyn sy'n ddiddorol yw bod *wmad* wedi'i gofnodi yn iaith y Cofis yng Nghaernarfon, gan y 'Co Bach' er enghraifft. Nododd un y byddid ym Methesda yn dweud '*Tyd i olchi dy wmab*', wrth blant bach. Tybed ai wrth gyfarch plant y dechreuodd y fath newid? Mae nifer o ieithegwyr o'r farn mai ym mharabl plant bychain y mae llawer o newidiadau ieithyddol yn dechrau.

Ymyrraeth

Y ffurf ar lafar yn y Gogledd-orllewin yw *myrrath* ond mae iddo ddwy ystyr. Mae *busnesu* a *poitsio* yn gyffredin. Yng Nghlynnog gellid dweud bod 'rhyw hen fariath ar rywun' sy'n busnesu.

Ond ystyr gyffredin arall yw rhyw hen ysfa ddiangen, gwneud rhywbeth dim ond o ran hwyl, rhyw ddireidi gwirion heb fod eisiau, rhyw ffansi, chwiw neu fympwy e.e. ym Môn a'r cyffiniau:

A – Pam nath o beth mor wirion?
B – Myrrath! (for the Hell of it!)

Ym Mangor ganrif yn ôl cofnodwyd 'Dach chi wedi'i neud o o fyrrath ddrwg?' (WVBD 387). Daw o *ym-+gyrru*.

Ysgyrnygu (LGW 472)

Sgyrnygu ydi'r ffurf yn y rhan fwyaf o'r wlad, ond mae *sgnygu* yn gyffredin ym Môn. Cafwyd *sgyrnigo* yn Llandysul, a *sgarnigo* yn Eglwyswrw. Mae'r geiriadur tafodieithol *The Glossary of the Demetian Dialect* (t. 258) yn nodi *sgirnu*, ond mae'n debyg bod y ffurf hon wedi mynd ar ddifancoll. Mae GPC yn amau mai *esgyrn* yw'r bôn. Efallai mai'r syniad yw bod y dannedd fel esgyrn.

Cyfranwyr

1.	Aled Williams	25
2.	Glyn Owen	10
3.	Heulwen Jones	10
4.	Peter Brooks	10
5.	Siwan Menez	10
6.	A Gareth Rowlands	25
7.	Alan Edwards	20
8.	Alan Richards	50
9.	Aled Gruffudd	20
10.	Aled Williams	25
11.	Andrew Dixey	27
12.	Andrew Roberts	20
13.	Ann Corkett	10
14.	Ann Morris	10
15.	Ann Roberts	10
16.	Anwen Goodacre	10
17.	Beryl Williams	20
18.	Caroline Murphy	5
19.	Catrin Evans-Thomas	5
20.	Ceri Edwards	25
21.	Dafydd Morris	10
22.	Danny Roberts	20
23.	David Richard Evans	10
24.	David Thomas	20
25.	David Wall	20
26.	Delwina Herd	40
27.	Dewi Lake	20
28.	Dulyn Griffith	50
29.	Dylan Thomas	10
30.	Eifion Thomas	100
31.	Eirianwen Blackford	10
32.	Eirlys Buckland-Evers	10
33.	Eirlys Edwards -Behi	15
34.	Elena Parina	10
35.	Eleri Huws	15
36.	Elin Meek	20
37.	Elizabeth Macfie	20
38.	Eluned Lawrence	20
39.	Emrys Jones	15
40.	Emyr Thomas	20
41.	Enid Davies	10
42.	Enid Davies	20
43.	Erica Davies	20
44.	Frederick Hamilton	5
45.	Gareth Williams	20
46.	Geraint Jones	25
47.	Geraint Rees	15
48.	Glyn Owen	10
49.	Gwen Baucage	10
50.	Gwenda Evans	20
51.	Gwerfyl Price	10
52.	Hettie Hughes	25
53.	Heulwen Jones	10
54.	Huw Griffiths	5
55.	Ian Jones	10
56.	Iwan Rees	10
57.	Jane George	20
58.	Janet Greasley	25
59.	John Griffiths	10
60.	John Owen	10
61.	John Stevens	5
62.	L P Coulten	50
63.	Lesley Farnham	10
64.	Llinos Angharad Thomas	10
65.	Llio Davies	20
66.	Mair Campbell	10
67.	Mari Dalis-Davies	30
68.	Marilyn Edwards	15
69.	Mark Vaughan	5
70.	Mary Evans	10
71.	Maureen Haf	10
72.	Meic Whan	5
73.	Meirion John	10
74.	Miranda Jones	5
75.	Myfanwy Alexander	10
76.	Myrddin Williams	20
77.	Nest Vaughan Evans	15
78.	Nia Roberts	10
79.	Non Vaughan-O'Hagan	15
80.	Nora Jones	10

81.	Peter Brooks	10		90.	Sharon James	20
82.	Robert Williams	10		91.	Sian Elin Jones	10
83.	Roderick Thomas	5		92.	Sian Hughes	10
84.	Roland Williams	20		93.	Sian Jones	10
85.	Ruhi Edwards-Behi	15		94.	Sian Morgan-Lloyd	10
86.	Ruth Williams	25		95.	Siân Northey	10
87.	Rhodri McDonagh	19		96.	Siôn Goronwy Jones	5
88.	Rhys Bowen	20		97.	Siwan Menez	20
89.	Sally Evans	25		98.	Susan Harston	20

Diolchiadau

1. Ada Davies (Llanybri)
2. Adam Jones (Glanaman)
3. Adrian Price
4. Aeres James
5. Aled Williams (Llanfachraeth)
6. Al Gwallt (Caernarfon)
7. Alan Evans (Bala)
8. Alan Hughes (Môn)
9. Alan Pierce Jones
10. Alan Richards (Pontardulais)
11. Alan Thomas (Ffostrasol)
12. Alaw Fflur (Llanwrin)
13. Alaw Gwyn (Llanfair Talhaiarn)
14. Alaw Môn Thomas (Gaerwen)
15. Aled Dafis (Caerwedros)
16. Aled Edwards
17. Aled Francis (Gog Sir Benfro)
18. Aled Hughes
19. Aled Lewis (Capel Newydd)
20. Aled Morgan Jones (Efailnewydd)
21. Aled Pari
22. Aled Scourfield
23. Aled Williams (Llithfaen)
24. Ali Roberts (Bangor)
25. Alison Carden (Bethesda)
26. Alison Ellis (Sir Gâr)
27. Alma Davies (Trimsaran)
28. Alma Jones Davies (Dyffryn Nantlle)
29. Alun Ceri Jones (Gwaun Cae Gurwen)
30. Alun Clwyd Thomas (Sir y Fflint)
31. Alun Elidyr (Rhydymain)
32. Alun Hughes Williams (Llanfairpwll)
33. Alun Lenny
34. Alun Lewis (Penygroes, De)
35. Alun Llewelyn (Ystalyfera)
36. Alun Rhys Jones (Prestatyn)
37. Alun Wyn Walters
38. Alwen Pennant
39. Alwyn Evans (Rhydymain)
40. Alys Medi Jones (Ayrshire)
41. Alyson Harries (Tre-lech)
42. Amanda Evans (Esquel)
43. Amanda James (Bwlchygroes)
44. Amelia Davies
45. Andrea Benbow Wigley (Aberdar)
46. Andrea Miller (Castell Newydd Emlyn)
47. Andrea Roberts (Llanberis)
48. Andrew Davies (Sir Gâr)
49. Andy Davies (Bethesda)
50. Angela Jones
51. Angela Roberts (Arfon)
52. Angharad Bethan (Bedwas)
53. Angharad Menna Edwards
54. Angharad Thomas (Llanfairpwll)
55. Anita Myfanwy
56. Anita Williams (Caernarfon)
57. Anitac Cantero Simms
58. Ann Corkett
59. Ann Derec James (Llangybi)
60. Ann Dicks Roberts (Stiniog)
61. Ann Dwynwen Davies (Arfon)
62. Ann Eleri Weeks (Llanelli)
63. Ann Elizabeth Williams (Waunfawr)
64. Ann Evans (Porthaethwy)
65. Ann Holland
66. Ann James (Gog Penfro)
67. Ann Jones (Capel Curig)
68. Ann Jones (Meirionnydd)
69. Ann Llangaffo
70. Ann Morris (Tufton)
71. Ann Parry (Llanegryn)
72. Ann Parry-williams (Pen Llŷn)
73. Ann Plas (Môn)
74. Ann Pritchard (Cwmgors)
75. Ann Roberts (Môn)
76. Ann Temp (Bethesda)
77. Ann Vodrey (Llwynhendy)
78. Ann Williams
79. Ann Wyn Thompson (Rhosgadfan)
80. Anna Beynon-Makepeace (Sir Benfro)
81. Anna Gruffydd (Llangwnad)
82. Anna Jones (Abersoch)
83. Anne Lloyd Cooper (Penmachno)
84. Anne Lloyd Morris (Rhosllannerchrugog)
85. Anne Phillips (Bodedern)
86. Anne Roberts (Bangor)
87. Anne Williams (Merthyr Tudful)
88. Annes Glyn (Môn)
89. Annes Wyn (Môn)
90. Annie Evans (Llambed)
91. Ann-Marie Gealy (Cwm Gwendraeth)
92. Annwen Jones (Llanddona)
93. Annwynn Bowker (Rhosllannerchrugog)
94. Ant Caradog Evans (Harlech)
95. Anthony Pritchard (Pontsticill)
96. Antoni Morgan
97. Antwn Owen Hicks
98. Anwen Cullinane (Capel Iwan)
99. Anwen Eleri (Caernarfon)
100. Anwen Goodacre (Llanrug)
101. Anwen Harman (Dyffryn Nantlle)
102. Anwen Kilian (Llangian)
103. Anwen Lynne Roberts (Felinheli)
104. Anwen O Davies (Llansannan)
105. Anwen Thomas (Pentir)
106. Arfon Wynne (Pandy Tudur)
107. Ariel Grant Hughes
108. Aron Lewis
109. Arwel Davies (Dinbych)
110. Avril Wayte (Mynydd Llandygái)
111. Awel Haf (Corwen)
112. Awen Hamilton
113. Awen Roberts
114. Awena Parry Walkden (Llangefni)
115. Barbara Coates (Conwy)
116. Beca Brown
117. Bedwyr Davies (Glynarthen)
118. Bekki Stott (Bala)
119. Beryl Burgess (Llambed)
120. Beryl Williams (Drefach Felindre)
121. Bet Eldred (Caerfyrddin)
122. Bet N Williams (Rhosneigr)
123. Bet Owen (Ynys Môn)
124. Beth Wright (Rhosllannerchrugog)
125. Bethan Antur (Bala)
126. Bethan Cummings (Llansannan)
127. Bethan Edwards (Cwm Tawe)
128. Bethan Eirian Jones
129. Bethan Hâf (Sir Ddinbych)
130. Bethan Harrison

131. Bethan Jenkins
132. Bethan Jones (Castellnewydd Emlyn)
133. Bethan Lowri (Aberdâr)
134. Bethan Moseley (Nebo)
135. Bethan Pari Jones
136. Bethan Price
137. Bethan Pritchard (Llanaelhaearn)
138. Bethan Roberts (Tudweiliog)
139. Bethan William (Llŷn)
140. Bethanne Williams (Y Waun)
141. Beti George
142. Beti Puw Richards (Waun y Bala)
143. Beti Rhys (Bethesda)
144. Beverley Hughes (Sir Fôn)
145. B Hugh Gwynne
146. Bidi Griffiths (Hermon, Penfro)
147. Bleddyn Jones (Tregarth)
148. Bob Wynn-Jones (Abergele)
149. Bonni Davies (Cwm Gwaun)
150. Brad Jones (Conwy)
151. Bragdy Cybi
152. Branwen Davies (Sir Fôn)
153. Branwen Llewelyn Jones (Pontardawe)
154. Brenda Jones (Trefor)
155. Brendan Riley
156. Bríd Gwenllian Price (Môn)
157. Bronwen Green (Llanllwni)
158. Bryn Jones (Môn)
159. Buddug Hill (Mynytho)
160. Byrti Bw (Cerrig)
161. Cadno Llwynog (Treforys)
162. Cai Justin Roberts (Porthmadog)
163. Calfyn Lewis (Ffestiniog)
164. Caren Brown (Pesda)
165. Carian Elen Roberts (Pen Llŷn)
166. Carol A Bott (Rhydaman)
167. Carol Byrne Jones (Llandyfrïog)
168. Carol Hayes (Porthmadog)
169. Carol Jones
170. Carol Owen Jones (Pen Llŷn)
171. Carol Thomas (Pen Llŷn)
172. Caroline Mitchell (Tanygrisiau)
173. Carwen Arlanymor
174. Carwen Cory-Griffith (Ceinewydd)
175. Caryl Fflur Jones (Wrecsam)
176. Carys Alun (Henllan, Llandysul)
177. Carys Anghared Jones (Sir Gâr)
178. Carys Mai McKenzie (Blaenau Ffestiniog)
179. Carys Melangell (Llangollen)
180. Carys Roberts (Edern)
181. Cat Dafydd (Llandysul)
182. Catarina Blodyn (Stiniog)
183. Catherine Ellen Browning (Ardudwy)
184. Cathrin Williams (Môn)
185. Catrin Aeron Williams-Jones
186. Catrin Bellamy Jones (Llanarth)
187. Catrin Elis Williams
188. Catrin Fychan
189. Catrin Johnson
190. Catrin Llywelyn (Betws)
191. Catrin M S Davies (Trefenter)
192. Catrin Mair Duncan (Llandudno)
193 .Catrin Miles Jones (Llandudno)
194. Catrin Parri
195. Catrin Soraya Williams (Pantglas)
196. Catrin Wager (Arfon)
197. Catrin Withers (Dyserth a Môn)
198. Cecil Jones (Llanberis)
199. Cedron Sion (Porthmadog)
200. Ceindeg Haf Evans (Llangrannog)
201. Ceinwen Parry (Arfon)
202. Ceinwen Roach (Llanbedr PS)
203. Ceinwen Williams Bridfa Bethel (Arfon)
204. Ceri Hughes (Llangernyw)
205. Ceri Jones (Bae Colwyn)
206. Ceri Llwyd (Llanfair Talhaiarn)
207. Ceri Roberts (Ynys Môn)
208. Ceridwen Oakley Owen (ochra' Nantlle)
209. Ceris Davies (Rhydlewis)
210. Ceris Fychan (Trisant)
211. Cerith Dafydd Rhys Jones (Cwmgors)
212. Cheryl Davies (Cwm Tawe)
213. Chris Castle
214. Chris Rose-Thomas (Llanberis)
215. Chris Schoen
216. Chris Ware
217. Christine Boomsma (Melbourne)
218. Christine Humphreys (Dyffryn Nantlle)
219. Christine Patton (Llanberis)
220. Christopher Dafydd Johnson
221. Christopher Griffiths (Castell Nedd)
222. Christopher Woodard (Caerdydd)
223. Cian Marc (Môn)
224. Clare Davies (Pwll, Llanelli)
225. Colin Fletcher (Dyffryn Dyfi)
226. Colin Robins (Llanelli)
227. Con Keyes
228. Crysau Cymraeg Shwldimwl (Llanboidy)
229. Curig Jones
230. Cymro Jazz (Castell Nedd)
231. Cynthia Owen (Aberystwyth)
232. Dafydd Ap Ffranc
233. Dafydd Bates
234. Dafydd Gwallter Dafis
235. Dafydd Morgan Lewis (Llangadfan)
236. Dafydd Morris
237. Dafydd Tomos Huw
238. Dafydd Whiteside Thomas (Llanrug)
239. Dai Hawkins
240. Dai Lingual
241. Dai Thomas
242. Daliah Raouf (Porthmadog)
243. Dan Barlow
244. Daniel Evans
245. Darrel Campbell (Glanaman)
246. Dave Hale
247. David James (Cofi gwlad)
248. David Thomas (Bodedern)
249. David Walters (Aberdâr)
250. Dawn Chadwick (Pontypridd)
251. Dawn Elizabeth Bowen (Porthmadog)
252. Dawn Williams (Porthmadog)
253. Ddftiynn Asdzeemnv (Llŷn)
254. Debbie Hughes Adams (Penllyn)
255. Debbie Williams (Pengroeslon)
256. Deborah Kent (Port Talbot)
257. Dei Jones (Mynytho)
258. Del D'Aubray (Beddgelert)
259. Delme Powel (Rhydlewis)
260. Delyth Curry (Y Barri)
261. Delyth Davies (Stiniog)
262. Delyth Gadlys Williams
263. Delyth James (Cwm Gwaun)
264. Delyth Johnson (Rhydaman)
265. Delyth Jones (Brynrefail)

266. Delyth Lloyd (Dinbych)
267. Delyth Roberts (Eifionydd)
268. Delyth Shotter (Bl Ff)
269. Delyth Williams
270. Delyth Woods (Llanwenog)
271. Dennis Davies (Llanrwst)
272. Derec Stockley (Cwm Tawe)
273. Deric Meidrum (Glynllwchwr)
274. Derith Rhisiart (Llanuwchllyn)
275. Derrick Jones (Gwalchmai)
276. Dewi Evans (Y Bala)
277. Dewi Gethin Jones (Dyffryn Conwy)
278. Dewi Morgan Pugh (Parc, Y Bala)
279. Dewi Poole (Maldwyn)
280. Dewi Prysor Williams (Trawsfynydd)
281. Diane Jones (Niwbwrch)
282. Dil Lewis (Bala)
283. Dilwen Walsh (Llandysul)
284. Dilwen Williams
285. Dilwyn Jones (Bethesda)
286. Dilwyn Jones (Cwm Garw)
287. Dilwyn Williams (Llŷn)
288. Dilys Davies (De Ceredigion)
289. Dilys Evans (Bala)
290. Dilys Hughes (Môn)
291. Dilys Jones (Penisarwaun)
292. Dilys Perez (Llanrug)
293. Dion Bee (Llanllyfni)
294. Dolwen Williams (Pen Llŷn)
295. Dona Hâf (Bala)
296. Donna Howells (Merthyr Tudful)
297. Donna Jones (Llangefni)
298. Doreen Davies (Y Bala)
299. Dorian Gray Williams (Môn)
300. Dorothi Madogwen Parry Evans
301. Dorothy Hughes (Pontrhydyfen)
302. Dot Bailey (Niwbwrch, Môn)
303. Dot Sheldon (Môn)
304. Doug Roberts (Ystalyfera)
305. Dulyn Griffith (Dyffryn Nantlle)
306. Duncan Brown (Caernarfon)
307. Dwynwen Berry (Llanrwst)
308. Dwynwen Llywelyn (Tregaron)
309. Dwynwen Roberts (Llandudno)
310. Dwyryd Williams (Dolgellau)
311. Dyl WJ (Bl. Ffestiniog)
312. Dylan Foster Evans
313. Dylan Jones (Cwm Gwendraeth)
314. Dylan Rhys Thomas (Capel Iwan)
315. Eddie Ladd (Aberteifi)
316. Edith Hughes (Llŷn)
317. Edna Morgan (Arfon)
318. Edward Davies (Ponterwyd)
319. Edward Howell Jones (Cwm Tawe)
320. Edwyn Phillip Parry (Crymych)
321. Eflyn Williams
322. Efrem Ab Wiraneurin (Sir Gâr)
323. Eifion Daniels (Penfro)
324. Eifion Morris Jones
325. Eifion Thomas (Rhiwlas/Llansilin)
326. Eifion Williams (Wrecsam)
327. Eifiona A Gary Glo (Caernarfon)
328. Eifiona Rider (Mynytho)
329. Eileen Jukes (Llannerch-y-medd)
330. Eilir Hughes (Corwen)
331. Einir Gruffydd (Yr Wyddgrug)
332. Einir Wyn Kirkwood
333. Einir Young (Cwmtwrch)
334. Eira Davies (Cwm Gwendraeth)
335. Eira Owen (Môn)
336. Eira Wyn Owen-Proctor (Môn)
337. Eirian Conlon (gogledd Cymru)
338. Eirian Dascalu (Bala)
339. Eirian Hughesbaines (Dyffryn Conwy)
340. Eirian Jones
341. Eirianwen Blackford (Dinbych)
342. Eirlys Davies (ardal Corwen)
343. Eirlys Edwards-Behi (Porthmadog)
344. Eirlys Howell Richards (Blaenffos)
345. Eirlys Morgan (Bronant)
346. Eirlys Williams (Caernarfon)
347. Eirwen Huws (Caernarfon)
348. Eirwen Jones (Môn)
349. Eiry Davies (Abercuch)
350. Eiry Palfrey (Ceredigion)
351. Eirys Buckland-Evers (Dyffryn Clwyd)
352. Elaine Edwards (Dyffryn Aman)
353. Elaine Rowlands (Mynydd Mechell)
354. Elanwy Leaney (Pen Llŷn)
355. Eleanor Burnham (Edeyrnion)
356. Elen Cambridge-Owen (Cerrigydrudion)
357. Elen Davies (Cwm Gwendraeth)
358. Elen Howells (ardal Aberystwyth)
359. Elen Llwyd (Yr Wyddgrug)
360. Elen Mererid Watt (Penllyn)
361. Elen Rebeca (Sanclêr)
362. Elen Rhys (Maldwyn)
363. Eleri Anona Watson (Abertawe)
364. Eleri Browning (Cwmgors)
365. Eleri Davies (Pentrecagal)
366. Eleri Gwyn (Rhuthun)
367. Eleri Gwyndaf (Glynceiriog)
368. Eleri Hourahane (Aberaeron)
369. Eleri Huws (rhieni o Arfon)
370. Eleri Jones (Clawddnewydd)
371. Eleri Rees Roberts (Trefor)
372. Eleri Thomas (Môn)
373. Eleri Warrington (Arfon)
374. Elfed Gruffydd (Llŷn)
375. Elfed Jones (Mochdre)
376. Elin Angharad Davies (Edeyrnion)
377. Elin Ann (Llandysul)
378. Elin Davies (Cwm Tawe)
379. Elin Dawes (Dyffryn Aeron)
380. Elin Ellis (Mynytho)
381. Elin Haf Gruffydd Jones
382. Elin Jones (Llanddewi-Brefi)
383. Elin Llwyd Morgan (Llanfairpwll)
384. Elin Lowri James (Cilgerran)
385. Elin Mai Williams (Llanberis)
386. Elin McGowan (Pistyll)
387. Elin Owen (Gwaun Cae Gurwen)
388. Elinor Bennett (Llanuwchllyn)
389. Elinor Jameson (Caerfyrddin)
390. Elinor John (Abertawe)
391. Elinor Jones
392. Elinor Patchell
393. Elinor Wyn Nicholson (Cydweli)
394. Elis Elmo Spoon (Caerdydd)
395. Elisabeth Jones (Nefyn)
396. Elizabeth Jones (Llŷn)
397. Elizabeth Toghill (Castell Nedd)
398. Ellen Grundy (Môn)
399. Ellen Morris (Rhuddlan)
400. Elliw Alwen

401. Elmer Cousins (Dyffryn Aman)
402. Elsie Hazell-Sims (Pontrhydyfen)
403. Eluned Besent (Pennal)
404. Eluned Davies-Scott (Sir Drefaldwyn)
405. Eluned Lyn Lawrence (Caerwys)
406. Eluned Stalham (Tregaron)
407. Elved Jones (Glyndyfrdwy)
408. Elvira Austin (Baglan/Cwm Hyfryd)
409. Ema Jayne Owen (Caernarfon)
410. Emlyn Evans (Llangeitho)
411. Emyr Gibson
412. Emyr Jenkins (Dyffryn Aman)
413. Emyr Williams (Gorllewin Sir Gâr)
414. Enaid Smailliw (Pesda)
415. Endaf Jones (Sir Ddinbych)
416. Enfys Angharad (Gogledd)
417. Enfys Williams (Sir Fôn)
418. Enid Mair Davies (Llannefydd)
419. Enid Owen
420. Enlli Thomas (LlanfairPG)
421. Erfyl Williams
422. Eric Dafydd
423. Erica Davies (Rhydaman)
424. Erin Eifion Hughes (Penisarwaun)
425. Erwyn Jones (ardal Ffestiniog)
426. Eryl Mair Lewis (Porthaethwy)
427. Eryl Rowlands (Amlwch)
428. Esyllt Edwards (Cerrigydrudion)
429. Esyllt Jones
430. Euros Puw (Parc, Y Bala)
431. Eurwen Hulmston
432. Eurwyn Jones (Stiniog)
433. Euryn Dyfed (Cydweli)
434. EW Shân (Caernarfon)
435. Felicity Roberts (Eifionydd a Môn)
436. Ffion Clwyd Edwards (Llanrwst)
437. Ffion Emyr Bourton (Llanrwst)
438. Ffion Haf (Talsarnau)
439. Ffion Hâf Williams (Bodedern)
440. Ffion M Bullock (Ynys Môn)
441. Ffiona Jones (Porth Tywyn)
442. Fflur Pierce
443. Ffran May
444. Ffreu Owen (Bangor)
445. Fiona Evans (ardal Conwy)
446. Fôn Mâred (Sir Fôn)
447. Frances Ann Hughes (Môn)
448. Frances Griffith (Caernarfon)
449. Gaenor Roberts (Hiraethog)
450. Gareth Hughes (Dinbych)
451. Gareth Jones (Môn)
452. Gareth Roberts (Corwen)
453. Gareth Roberts (Dyffryn Conwy)
454. Gareth Rowlands
455. Gareth Vaughan Jones
456. Gareth Watkins (Caerffili)
457. Gareth Williams (Pontyberem)
458. Gary Brady
459. Gary Jones (Bala)
460. Gary Slaymaker
461. Gaynor Cordelia Knight (Gogledd Sir Benfro)
462. Gemma Cahill-Lewis (Pen y Bont)
463. Ger Jôs (Llŷn)
464. Geraint H Ashton (Dolgellau)
465. Geraint Jones (Coedpoeth)
466. Geraint Jones (Llithfaen)
467. Geraint Morgan (Bwlch-llan)
468. Geraint Owain Price (Yr Hendy)
469. Geraint Roberts
470. Geraint Thomas (Arfon)
471. Gethin Clwyd (Bryncoch)
472. Gethin E Thomas (Llandwrog)
473. Gethin Jones (Pontsiân)
474. Gethín Mørgan
475. Gethin While (Aberdâr)
476. Gill Saunders Jones (Dyffryn Clwyd)
477. Gillian Burns (Glynceiriog)
478. Gillian James Connolly (Rhondda)
479. Glenda Coleman (Bryneglwys)
480. Glenda Riceb (Nefyn)
481. Glenna Griffith (Amlwch)
482. Glenna Mair Jones ('Stiniog)
483. Glenys Mair Roberts
484. Glenys Protheroe
485. Glenys Roberts (Llanelian)
486. Glesni Davies (Pumsaint)
487. Glyn Ellis Hughes
488. Glynis June Williams (G Môn)
489. Glynog Davies (Brynaman)
490. Goreth Westecott (Khan Younis)
491. Gorwel Owen (Môn)
492. Grace Davies Evans (Môn)
493. Graham Williams
494. Greta Hughes (Llanbedrog)
495. Greta Hughes (Llanbedrog)
496. Griffith Davies (Rhydaman)
497. Gruff Ag Anne Richards (Rhuthun)
498. Guto Jones (Capel Iwan)
499. Guto Morgan Jones (Ynys Môn)
500. Guto Prys Ap Gwynfor (Llangadog)
501. Guto Roberts (Môn)
502. Gwawr Jones (Llangybi)
503. Gwawr Owen Peet
504. Gwawr Yim Jones
505. Gweltaz Ar Fur (Llydaw)
506. Gwen Angharad Gruffudd (Arfon)
507. Gwen Baucage (Dolwyddelan)
508. Gwen Beynon (Rhydaman)
509. Gwen Carys Jones Parry (Llithfaen)
510. Gwen Evans (Rhos a Phonciau)
511. Gwen Hine (Ynys Môn)
512. Gwen Parrott (Sir Benfro)
513. Gwenan Barnard Jones (Dyffryn Conwy)
514. Gwenan Gwyddel (Uwchmynydd)
515. Gwenan Owain (Rhuthun)
516. Gwenan Williams (Eifionydd)
517. Gwenann Parry (Dinbych)
518. Gwenda Bruce (Môn)
519. Gwenda Evans (Sarnau)
520. Gwenda Holyfield (Moelfry)
521. Gwenda Matthews (Bethesda)
522. Gwenda Robbins ('Talysarn)
523. Gwenda Williams
524. Gwendoline Roberts (Llangefni)
525. Gwenfair Jones (Llwyngwril)
526. Gwenfair Owen (Y Drenewydd)
527. Gwenith Roberts
528. Gwenllian Baum-Jones (Pontllyfni)
529. Gwenllian Hafren (Cwm Tawe)
530. Gwenllian Jones Palmer (gogledd Sir Fôn)
531. Gwenno Hughes
532. Gwenno Mererid (Penclawdd)
533. Gwerfyl Price (Dolgellau)
534. Gwerfyl Thomas (Cwm Llynfi)

535. Gwilym Edwards (Trefor)
536. Gwilym Iolo Lewis
537. Gwilym Pritchard
538. Gwion Morris (Caernarfon)
539. Gwydion Gruffudd
540. Gwylon Phillips (Llanilar)
541. Gwyn Edwards (Arfon)
542. Gwyn Elfyn
543. Gwyn Geiriau Gwyn (Porthmadog)
544. Gwyn Jenkins (Penparcau)
545. Gwyn Jones (Llanddewibrefi)
546. Gwyn Pritch
547. Gwyn Vaughan Jones (Blaenau Ff.)
548. Gwyn Williams (Dyffryn Ogwen)
549. Gwyndaf Breese (Bro Ddyfi)
550. Gwyneth Jones (Bethesda)
551. Gwyneth Jones (Dinas Mawddwy)
552. Gwyneth Williams
553. Gwynethann Harries (Rhydaman)
554. Gwynneth Jones (Tudweiliog)
555. Gwynneth Lewis Williams (Ynys Môn)
556. Hafwen John (Llancewn)
557. Han Evans (Aberaeron)
558. Hanna Elin Baguley (Ynys Môn)
559. Hannah Povey (Penrhyndeudraeth)
560. Hannah Siân
561. Hari Powell
562. Harri Twigg
563. Harri Williams (Groeslon)
564. Haydn Lewis (Canol Ceredigion)
565. Heather Powell (Brynaman)
566. Hedd Ladd Lewis (Trefdraeth)
567. Heddyr Gregory
568. Hefin Boco Jones
569. Hefin Tomos
570. Hefin Williams (Dyffryn Nantlle)
571. Heledd Ap Gwynfor (Dyffryn Ceidrych)
572. Heledd Griffiths (Llandudoch)
573. Heledd Jones (De Ceredigion)
574. Helen Daniels (Llanrwst)
575. Helen Flaherty
576. Helen Graham Thomas (Amlwch)
577. Helen Gwyn (Stiniog)
578. Helen Jackson Jones (Dyffryn Conwy)
579. Helen Lane (Llanelli)
580. Helen Mai Glanville (Llanybydder)
581. Helen Meri Phillips (Clunderwen)
582. Helen Millington (Caernarfon)
583. Helen Mo Chwaen (Môn)
584. Helen Morgan (Llanrug)
585. Helen Perkins (Penmaenmawr)
586. Helen Prentice (Trofarth)
587. Helen Pughe (Darowen)
588. Helen Rowlands
589. Helen Treloar (Sir Ddinbych)
590. Helen Williams (Bethesda)
591. Heuls L Jones (Wrecsam)
592. Heuls Medi Rowlands (Llanuwchllyn)
593. Heulwen Huws (Waunfawr, Caernarfon)
594. Heulwen Jones (Rhydaman)
595. Heulwen Williams (Porth Tywyn)
596. Hilda Williams (Pen Llŷn)
597. Hughes Arwel Owain (Môn)
598. Huw Chambers (Bangor)
599. Huw Davies (Sir Gâr)
600. Huw Denman (Brechfa)
601. Huw Erith (Pen draw Llŷn)
602. Huw Griffith (Bae Colwyn)
603. Huw Griffiths (Dyffryn Tywi)
604. Huw Harries (Caerfyrddin)
605. Huw John (Crymych)
606. Huw Jones (Betws)
607. Huw Jones (Pesda)
608. Huw K Williams (Rhuthun)
609. Huw Meredydd Roberts
610. Huw Roberts (Gwynfe/Castell Nedd)
611. Huw Thomas (Gorllewin Sir Gâr)
612. Huw Williams (Cwmtwrch)
613. Huwcyn John (Tremadog)
614. Hynek Jannepomukdaniel Janoušek
615. Hywel Ebsworth (Bro Ogwr)
616. Hywel Nicholas (Brynaman)
617. Hywel Owen (Groeslon)
618. Hywel Wyn Jones (D. Aman)
619. Iain Wilson (Porthmadog)
620. Ian Jones
621. Ian Jones (Dinbych)
622. Ian Thompson (Mynytho)
623. Ida Wycherley Rowlands (Corwen)
624. Idris Jones
625. Iestyn Hughes (Sir Fôn)
626. Ieuan Evans (Penrhyndeudraeth)
627. Ieuan Jones (Betws Ifan)
628. Ieuan Pugh-Jones (Aberystwyth)
629. Ieuan Rhys (Aberdâr)
630. Ifor Ap Dafydd
631. Ifor Ap Gwilym (Dyffryn Conwy)
632. Ifor Williams (Groeslon)
633. Ioan Jones (Criciaeth)
634. Iola Williams
635. Iola Wyn (Bangor)
636. Iona Evans (Sir Ddinbych)
637. Iona Griffith (Pen Llŷn)
638. Iona Pritchard
639. Iona Pritçhard
640. Iona Williams (Cwm Gwaun)
641. Iris Williams (Môn)
642. Iwan Griffiths (Llanelli)
643. Iwan Gwyn Williams (Môb)
644. Iwan Gwynedd (Penrhyndeudraeth)
645. Iwan Hughes (Pentrefoelas)
646. Iwan Hywel (Llangernyw)
647. Iwan Llwyd
648. Iwan Price (Llanwrtyd)
649. Iwan Sion Gareth (Blaenau Ffestiniog)
650. J Gwynfor Jones (Esgairgeiliog)
651. J Hugh Davies (Llandyfri)
652. Jac Vaughan-Llewelyn
653. Jack Cresci
654. Jackie Gudgeon
655. Jackie Willmington
656. Jade Hudson (Y Beddau)
657. James Carlick (Caerffili)
658. James Dowden
659. James Matthew Whittaker (Bangor)
660. Jan Kench (Castell Newydd Emlyn)
661. Jan Maybery (Abertawe)
662. Jane Jones (Penrhyndeudraeth)
663. Jane Madoc-Jones (Abererch)
664. Jane Roberts (Môn)
665. Janet Bowen (Brynaman)

666. Janet Evans (Llanelli)
667. Jean Griffiths (Cwrtnewydd)
668. Jean Pierce (Felinheli)
669. Jean Williams (Tremadog)
670. Jeevan Lee Singh Roberts
671. Jeff Smith (Aberystwyth)
672. Jen Morris (Bethesda)
673. Jen Richards (Ponciau)
674. Jenni Wyn Hyatt
675. Jennië M Jönes (Aberteifi)
676. Jenny Heney (Pontrhydfendigaid)
677. Jenny Needs
678. Jess Hill
679. Jessica Rees
680. Jo Evans (Llanddeiniolen)
681. Joe Ap Paddy (Bangor)
682. John Davies (Llandybïe)
683. John Duggan (Cwm Gwendraeth)
684. John Eurwyn
685. John Ginger Vevar (Pen Llŷn)
686. John Glyn Davies (Pencaenewydd)
687. John H Williams (Cwm Tawe)
688. John Harries (Llanddarog)
689. John Jones (Pen Llŷn)
690. John K Jones
691. John Les Tomos (Sir Fôn)
692. John Lewis (Caergybi)
693. John Owen (Llŷn)
694. John Owen (Y Felinheli)
695. John Pierce Jones (Niwbwrch)
696. John R Pritchard (Amlwch)
697. John Roberts (Mawddwy)
698. John Sam Jones (Bermo)
699. John Thompson
700. John Warren
701. John Wilkinson
702. Jolene Babipur Barton (Porthmadog)
703. Jominic Dones (Penmaenmawr)
704. Jonathon Roberts (Bontnewydd)
705. Jose Jones (Cricieth)
706. Joseff Bailey-Wood (PyB ar Ogwr)
707. Joshua Declan McCarthy
708. Julian Jones (Bancffosfelen)
709. Julie Jones (Cwmgors)
710. Julie Rowlands
711. Julie Stokes (Trawsfynydd)
712. Julie Taylor Caldwell
713. Julie Waring
714. June Lewis (Porthmadog)
715. Karen Doyle (Bethesda)
716. Karen Rees (Pontrhydfendigaid)
717. Kate Kelly (Clynnog Fawr)
718. Kath Ash (Pontardawe)
719. Katie Gramich (Rhydlewis)
720. Kay Thomas (Kay Thomas)
721. Kaz Jones (Rhuddlan)
722. Keith Barrett (Brynaman)
723. Keith O'Brien (Trawsfynydd)
724. Keith Withers (Bethesda)
725. Ken Evans
726. Ken Lewis (Sir Fôn)
727. Keri Morgan (Gorslas/Garnant)
728. Keri-Elisabeth Roberts
729. Kevin Bohana (Caernarfon)
730. Kevin Davies (Capel Newydd)
731. Kevin Davies (Cwm Tawe)
732. Kevin Edwards (Carmel, Llanrwst)
733. Kez Jones (Rhondda)
734. Kirran (Penuwch)
735. Kriss Davies (Llanybydder)
736. Kristina Runyeon-Odeberg
737. Laura Jones (Pen Llŷn)
738. Laura M Evans
739. Lauren White (Amlwch)
740. Laz Chambers
741. Leanda Wynn (Dyffryn Aman)
742. Lee Green
743. Ler Morgan (Blaenau Ff)
744. Lian Thomas (Abertawe)
745. Linda Brown
746. Linda Davies
747. Linda Hughes (Sarn Mellteyrn)
748. Linda Roberts (Tywyn, Meirionnydd)
749. Linda Williams (Cwm Tawe)
750. Lis Evans (Gwalchmai)
751. Lis Matthews
752. Lisa Alvarez Kairelis (Llanelli)
753. Lisa Butler (Bae Colwyn)
754. Lisa Davies (Sir y Fflint)
755. Lisa Williams (Cwm Cynon)
756. Liz Carter-Jones (Yr Wyddgrug)
757. Liz Thomas (Pontyberem)
758. Llên Natur (Arfon)
759. Lli Wills (Crymych)
760. Llifon Jones (Môn)
761. Llinos Dafis (Bwstryd)
762. Llinos Eames Jones (Bontnewydd)
763. Llinos Edwards Goosey (Môn)
764. Llinos Griffin (Llanfothen)
765. Llinos Haf Spencer
766. Llinos Howells
767. Llinos HR
768. Llinos Jones (Caerwys)
769. Llinos Mair Thomas (Trelech)
770. Llinos Phillips (Aberteifi)
771. Llinos Siân (Y Rhondda)
772. Llio Meirion
773. Llio Rhys (Ysgol y Creuddyn)
774. Lliwen Foster (Dyffryn Ogwen)
775. Llunos Gordon (Maldwyn)
776. Llyfrgell Eluned Morgan (Eifionydd)
777. Llŷr Titus (Llŷn)
778. Llywela Jones (Mynytho)
779. Llywelyn Williams (Llanrug)
780. Lonwen Roberts (Trefor)
781. Lowri Catrin Jones (Sir Fôn)
782. Lowri Foulkes (Rhuthun)
783. Lowri Gwenllian
784. Lowri Hywel (Dyffryn Tanat)
785. Lowri Mifsud (Llanelli)
786. Lowri Richards (Sarn Mellteyrn)
787. Lowri Roberts (Amlwch)
788. Lowri Williams (Y Rhondda)
789. Lowri Wynn (Caernarfon)
790. Luned Fychan
791. Luned Wen (Castell Newydd Emlyn)
792. Lùthais MacGriogair
793. Lydia Lalla Mcguire (Môn)
794. Lyn Beattie (Dolgellau)
795. Lyn Edwards
796. Lynda Thomas (Pencarreg)
797. Lynn Morgan (Llandysul)
798. Lynne Rees (Cwm Gwendraeth)
799. Lynwen Ap Gwynedd (Sir Gaerfyrddin)
800. Lynwen Evans (Llambed)
801. Lynwen Hughes (Tregaron)
802. Lynwen Medi Emslie (Machynlleth)
803. Lynwen Merrigan (Cwm Gwendraeth)
804. Lynwen Roberts
805. Macsen Davies (Cwmgïedd)
806. Mag Davies (Harlech)
807. Maggie Parry-Jones (Gog Sir Benfro)
808. Maggie Parry-Jones (Preseli)

809. Magi Buck (Cwmafan)
810. Mah Buga (Pantpastynog)
811. Mai Scott (Uwchmynydd)
812. Mair Campbell (Llandeilo)
813. Mair Morgan
814. Mair Ning (Môn)
815. Mair Price
816. Mair Read (Llanberis)
817. Mair Rees (Fforest Fach)
818. Mair Rhiannon Martin
819. Mair Ruscoe (Dyffryn Banw)
820. Mair Tomos Ifans (Meirionnydd)
821. Mair Williams (Uwchaled)
822. Máire McGoldrick
823. Mairlis Davies (Ponterwyd)
824. Maldwyn Jones (Stiniog)
825. Manon Emyr Gerallt (Llanrwst)
826. Manon Steffan Ros (Dyffryn Ogwen)
827. Marcus Williams (Ffestiniog)
828. Margaret Amber Thomas (Ystalyfera)
829. Margaret Bassett (Caernarfon)
830. Margaret Bruce (Caergybi)
831. Margaret Buckingham Jones (Port Talbot)
832. Margaret Caddell (Brynaman)
833. Margaret Davies (Treorci)
834. Margaret Eifiona Hewitt (Llanfachreth)
835. Margaret Hubbard (Ynys Môn)
836. Margaret Hughes (Ffair Rhos)
837. Margaret Louisa Jones (Pontiets)
838. Margaret Morgan (Tyddewi)
839. Margaret Roberts (Nantlle)
840. Margaret Tucker (Pontardawe)
841. Margaret Whalley (Bethesda)
842. Margaret White (Llanfechell)
843. Margaret Williams
844. Margaret Wyn Woodcock (Pen Llŷn)
845. Marged Cartwright (Cwm Gwendraeth)
846. Marged Cross (Sir Benfro)
847. Margiad Berthaur (Dwyfor)
848. Mari Elen James (Llangennech)
849. Mari Elin Jones (Tudweiliog)
850. Mari Ellis Parker
851. Mari Ireland (Gogledd)
852. Mari Smith (Llanon)
853. Maria Owen-Roberts (Cerrigydrudion)
854. Marian Evans (Stiniog)
855. Marian Lloyd Rees (Dyffryn Clwyd)
856. Marianne Evans (Talybont)
857. Marilyn A Lewis Edwards (Pontrhydfendigaid)
858. Marina Parry Owen (Chwilog)
859. Mark Chataway
860. Mark Jones (Nefyn)
861. Mark Vaughan (Llanelli)
862. Marnel Lewis (Porthmadog)
863. Martin Evans (Caernarfon)
864. Martin Lloyd (Cilgerran)
865. Martin Riley (Dyffryn Nantlle)
866. Marvin Morgan (Blaendulais)
867. Mary Davies (Llangennech)
868. Mary Evans (Dryslwyn)
869. Mary Evans (Sir Gâr/Ceredigion)
870. Mary Rees (Llanelli)
871. Mary S. Jones (Sir Fôn)
872. Mary Sinclair (Llanllwni)
873. Mathonwy Ifan (Pandy Tudur)
874. Mati Jones (Caernarfon)
875. Mattie Evans (Uwchmynydd)
876. May Evans (ger y Rhondda)
877. Medwyn Ap Robert (Manceinion)
878. Medwyn Williams (Edern)
879. Meg Thomas (Rhos-y-gwaliau)
880. Megan Jones (Ceredigion)
881. Megan Tomos (Edeirnion)
882. Megan Tudur (Lledrod)
883. Meic Lewis (Porthmadog)
884. Meifis Howell Griffiths (Llangeler)
885. Meinir Ann Thomas (Rhydargaeau)
886. Meinir Jones (Meirionnydd)
887. Meinir Lynch (Llangwm)
888. Meinir Pierce Jones (Nefyn)
889. Meira Evans (Llanberis)
890. Meira Lloyd Owen (Llangernyw)
891. Meira Owen (Arfon)
892. Meirion MacIntyre Huws (Caernarfon)
893. Meiriona Williams (Dyffryn Conwy)
894. Meirwen Owen (Arfon)
895. Mel Williams (Penbre)
896. Melanie Davies (Crymych)
897. Melda Lois Griffiths (Llanuwchllyn)
898. Melinda Williams (Ystrad Aeron)
899. Melody Preston ('Stiniog)
900. Mena Price (Uwchaled)
901. Menai Morgans (Llanelli)
902. Menai Williams
903. Menna Charlton (Conwy)
904. Menna Cravos (Aberdâr)
905. Menna Diamond (Stiniog)
906. Menna George (Penparc)
907. Menna Jones (Pen Llŷn)
908. Menna Lisk (Ynys Môn)
909. Menna Medi Jones
910. Menna Parrington Jones
911. Mer Cynnull
912. Meryl Darkins (Treboeth)
913. Meryl Halsall (Aberystwyth)
914. Meurig Thomas (Llangefni)
915. Michael Roberts (Môn)
916. Michael Whan
917. Micheál De Róiste
918. Michelle Caddick (Dyffryn Nantlle)
919. Mici Plwm (Stiniog)
920. Minah Drew (De Sir Ddinbych)
921. Miranda Jones (Bryncroes)
922. Miranda Morton (Caerdydd)
923. Miri Collard
924. Mona Morris (Abergele)
925. Morag Roberts (Llanfairfechan)
926. Morfudd Nia Jones (Pencader)
927. Morfudd Thomas (Croesor)
928. Morfydd Jones (Henllan, Llandysul)
929. Morris Morris (Talgarreg)
930. Morwen Jones
931. Morwen Rowlands (Maenclochog)
932. Myfanwy Roberts (Amlwch)
933. Myra Parry (Sir Drefaldwyn)
934. Myra Pocock (Llanon)
935. Myrddin Williams (ardal Bethesda)
936. Nain Abergele (Abergele)
937. Nan Lloyd Guinan
938. Nancy Eirena Jones
939. Nancy Tomos
940. Nancy Tomos (Pen Llŷn)
941. Nans Couch (Pen Llŷn)
942. Nans Rowlands (Trawsfynydd)
943. Natalie Anne (Sir Ddinbych)
944. Natalie Morgan (Maenclochog)
945. Nathan Lewis Williams (Wrecsam)

946. Neil Ap Rhondda (Pen-y-bont ar Ogwr/Cwm Rhondda)
947. Neil Rosser (Treforys)
948. Neil Sands (Aberystwyth)
949. Neil Thomas (Aberteifi)
950. Nellie Jo (ger Wrecsam)
951. Nerryl Hughes (Dyffryn Nantlle)
952. Nerys Evans (Groeslon)
953. Nerys Howell (Sir Gâr)
954. Nerys Lloyd (Glyn-nedd)
955. Nerys O'Beirn ('Stiniog)
956. Nerys Rhys (Pontarddulais)
957. Nerys Roberts (Eryri)
958. Nest Vaughan Evans (Y Foel)
959. Nia Angharad Morgan Mears (Gwaun-Cae-Gurwen)
960. Nia Ap Tegwyn (Llandyfrïog)
961. Nia Barrar
962. Nia Caron (Bethesda)
963. Nia Llwyd Lewis (Môn)
964. Nia Llywelyn (Ceredigion)
965. Nia Mair (Cwm Gwendraeth)
966. Nia Mererid Eyre (Llandeilo)
967. Nia Morgan (Uwchaled)
968. Nia Roberts (Bryneglwys)
969. Nia Teleri (Gorseinon)
970. Nia Teleri Lewis (Dyffryn Ardudwy)
971. Niameurig Royles (Sir y Fflint)
972. Nicholas Daniels (Llangennech)
973. Nicola Gruffydd (Ynys Môno)
974. Nigel Roberts (Sir Fôn)
975. Nina Evans Williams (Rhosybol)
976. Noir Jones (Bwlchllan)
977. Non Brooks
978. Non Harries (Dinas, Sir Benfro)
979. Non Jones
980. Non Prys Thwaite (Llangaffo)
981. Non Richards (Rhydymain)
982. Non Watcyn Jennings (Ynys Môn)
983. Norahs Yram Senoj (Pigogs)
984. Nudd Lewis
985. OJ a Helen Hughes (Berffro)
986. Olga Bailey
987. Olga Wyn Thomas (Llanwnda)
988. Olwen Anne George (Pembrokeshire)
989. Olwen Evans (Gwalchmai)
990. Olwen Ifona Thomas
991. Olwen Jones (Talsarnau)
992. Olwen Morus (Dwyfor)
993. Olwen Stevenson (Arfon)
994. Oriel Pwlldefaid
995. Osian Owen (Felinheli)
996. Oswyn Williams (Gwalchmai)
997. Owain Llŷr (De Ceredigion)
998. Owen Saer
999. Pam Hughes (Llanystudwy)
1000. Pam McLaughlin (Porthmadog)
1001. Pamala Davies (Cwrtnewydd)
1002. Pamela Cartwright (Gog Sir Benfro)
1003. Pat Jones (Sir Gâr)
1004. Patricia Davies (Rhydaman)
1005. Paul Eastwood
1006. Paul Sambrook (Eglwyswrw)
1007. Paul Williams (Stiniog)
1008. Pauline Lewis (Môn)
1009. Pe R Un
1010. Pedr Wynn-Jones
1011. Peggy Fitzpatrick (Y Fro)
1012. Peredur Glyn Webb-Davies (Môn)
1013. Peter Evans (Llandysul)
1014. Peter Evans (Llansamlet)
1015. Peter Spriggs (Caerdydd)
1016. Phil Davies
1017. Phil Hicks
1018. Phil Lewis (Llandybïe)
1019. Phil Lovell
1020. Phylip Brake
1021. Poppy Jones (Abertawe)
1022. Rachel Davey Carter (Abertawe)
1023. Randall Bevan (Glanaman)
1024. Rebeca Lloyd (Dinbych)
1025. Rebecca Harries (Llandybïe)
1026. Rebecca Williams Johnson (Cwn Tawe)
1027. Rex Caprorum
1028. Rhian A Seimon Glyn
1029. Rhian Dafarn (Aberdaron)
1030. Rhian Elin George (Caernarfon)
1031. Rhian Haf Landon (Dolwyddelan)
1032. Rhian Holt
1033. Rhian Hughes (Porthmadog)
1034. Rhian Ifas-Huws (Sir Ddinbych)
1035. Rhian Iorwerth
1036. Rhian Jones (Dinbych)
1037. Rhian Jones (Llangyfelach)
1038. Rhian Joseph-Morgan (Llanymddyfri)
1039. Rhian Lloyd James (Aberdar)
1040. Rhian Medi (Môn)
1041. Rhian Medi Jones
1042. Rhian Morris (Cwm Rhymni)
1043. Rhian Owen (Llangefni)
1044. Rhian Williams (Llŷn)
1045. Rhian Wyn Jones (Caernarfon)
1046. Rhianm Roberts (Caernarfon)
1047. Rhiannon Charlton
1048. Rhiannon Humphreys (Llambed)
1049. Rhiannon Ifan (Llangwm)
1050. Rhiannon Roberts (Penrhyndeudraeth)
1051. Rhiannon Thomas (Môn)
1052. Rhiannon Williams (Llanberis)
1053. Rhiannon Williams (Penmon)
1054. Rhianwen Williams (Caernarfon)
1055. Rhianydd Jones-Foster (Pontypridd)
1056. Rhidian Huw Evans (Sir Benfro)
1057. Rhinedd Eyton-Jones (Glanyfferi)
1058. Rhisiart Dafys (Penygroes, Sir Gâr)
1059. Rhiwlan Talybont (Ceredigion)
1060. Rhobyn Price-Williams (Brynaman)
1061. Rhod Lloyd (Gorllewin Morgannwg)
1062. Rhodd Humphreys Arnold (Stiniog/Gwersyllt)
1063. Rhodri Gwynn Thomas (Bangor)
1064. Rhodri Hampson-Jones (Maesteg)
1065. Rhodri Williams
1066. Rhŷn Ap Glyn Williams (Llŷn)
1067. Rhys Bowen
1068. Rhys Colnet
1069. Rhys Hiraethog (Hiraethog)
1070. Rhys Jones (Groeslon)
1071. Rhys Lewis (Caerffili)
1072. Rhys Lloyd
1073. Rhys Morgan (Llangefni)

1074. Rhyso Jones (Môn)
1075. Richard Gwyn Carr (Arfon)
1076. Richard Gwyn Neale
1077. Richard Jones-Parry (Eifionydd)
1078. Richard Moore (Sir Gâr)
1079. Richard Owen (Llanfechell)
1080. Richard Parry Hughes (Llŷn ac Eifionydd)
1081. Rish Griffith
1082. Rob Jewell
1083. Rob Nicholls (Penclawdd)
1084. Rob Smith (Blaenau Gwent)
1085. Robat Ap Tomos
1086. Robert Bingham
1087. Robert Boyns
1088. Robert Bruce
1089. Robert Morris
1090. Robert Rhys
1091. Robert Vaughan (Treletert)
1092. Robert Williams
1093. Robert Williams (Llanfaglan)
1094. Rocet Arwel Jones (Rhos-y-bol)
1095. Roger Llywelyn Henderson (Wrecsam)
1096. Roland Griffiths (Ceredigion)
1097. Rose Davies (Llambed)
1098. Rosie Whiting (Garndolbenmaen)
1099. Ruth Davies (Glanaman)
1100. Ruth Jones (Llangefni)
1101. Ruth Lloyd (Llanwrtyd)
1102. Ruth Roberts Owen (Llansannan)
1103. Rwth Williams (Llanbrynmair)
1104. Sali Wyn Islwyn (Cwm Tawe)
1105. Sam Day (Aberdâr)
1106. Sam Expat
1107. Sandra Morris Jones
1108. Sandra Phillips
1109. Sara Bowen Oliver (Arfon)
1110. Sara Croesor (Croesor)
1111. Sara David
1112. Sara Grim (Sir Benfro)
1113. Sarah Collier (Glan-y-fferi)
1114. Sarah Ebenezer Baker (Glyn Ebwy)
1115. Sarah Fidal (Llansilin)
1116. Sarah Hopkin (Brynaman)
1117. Sarah Jackson (Pontyberem)
1118. Sarah Marion Jones (Ysgol Botwnnog)
1119. Sarah Roberts (Pencaenewydd)
1120. Sarah Roberts (Sir Fôn)
1121. Scott Sanders (Bangor)
1122. Sel Felin (Tudweiliog)
1123. Selwyn Thomas (Llŷn)
1124. Selwyn Williams (Pontardulais)
1125. Sera Cracroft (Rhydyfoel, Conwy)
1126. Sharon Barnett
1127. Sharon Eleri Harries (Sir Benfro)
1128. Sharon Jones (Gwalchmai)
1129. Sharon Jones (Tregaron)
1130. Sharon Morgan (Cwmaman)
1131. Sharon Morus (Dyffryn Conwy)
1132. Shauna Firth (Harlech)
1133. Sheila Dafis (Meirionydd)
1134. Sheila Owen (Caergybi)
1135. Sheryl Owen (Llanberis)
1136. Sian Bebb (Tregaron)
1137. Sian Beidas
1138. Sian Boyles Was Hardacre (Cwm Rhymni)
1139. Sian Coleclough (Sir y Fflint)
1140. Siân Elen McRobie (Llangefni)
1141. Sian Evans
1142. Siân Griffiths (Maldwyn)
1143. Sian Henderson (Marchwiel)
1144. Sian Jones (Gwaunysgor)
1145. Sian Llwyd (Porthmadog)
1146. Sian Mair Williams (Gog. Meirionnydd)
1147. Sian Merlys (Pontyberem)
1148. Siân Morgan-Lloyd (Caernarfon)
1149. Sian Northey (Trawsfynydd)
1150. Sian Phillips Jones
1151. Sian Wheldon (Pwllheli)
1152. Sian-Elin Jones (Hendygwyn)
1153. Simon Moseley
1154. Simon Rodway
1155. Siobhan Davies (Rhosneigr)
1156. Siôn Amlyn (Trefor)
1157. Siôn Meredith
1158. Sion Myfyr Williams (Llanberis)
1159. Siôn Trewyn (Caernarfon)
1160. Siôn Woods (Rhydaman)
1161. Sioned Ap Gareth (Ysgol Tryfan)
1162. Sioned Camlin (Dyffryn Banw)
1163. Sioned Elin (Gwyddgrug)
1164. Sioned Jones (Caerfyrddin)
1165. Sioned Lewis (Dolgellau)
1166. Sioned Llwyd Malethan
1167. Sioned Trick
1168. Sioned Williams (Llangristiolus)
1169. Siriol Gruffudd
1170. Siw Harston (Dyffryn Tywi)
1171. Siwan Davies
1172. Siwan Hill
1173. Siwan Menez (Sir Gâr a Cheredigion)
1174. Siwsan Jones (Môn)
1175. Sôl D H Williams (Penmaenmawr)
1176. Sophie Jenkins
1177. Stan A Jan Murray (Penrhyn)
1178. Stan Massarelli (Pen Llŷn)
1179. Steff Rees (Cwm Gwendraeth)
1180. Steff Rees (Pontyberem)
1181. Steffan John (Tymbl)
1182. Stella Dafis (Llanllechid)
1183. Steve Bach (Bethesda)
1184. Steve Hewitt
1185. Sue Culshaw (Rhiwlas)
1186. Sue Rowlands (Y Bala)
1187. Sulwen Edwards (Dyffryn Nantlle)
1188. Sulwen Edwards (Eifionydd)
1189. Sulwen Vaughan (Penmachno)
1190. Sylfia Fisher Tiwtor (Pentraeth)
1191. Tecwyn Evans (Penrhyndeudraeth)
1192. Tecwyn Vaughan Jones (Stiniog)
1193. Tegau Andrews (Abertawe)
1194. Tegwen Epstein
1195. Teleri Jones (Llanddewi Brefi)
1196. Terwyn Tomos (Llandudoch)
1197. Tesni Peers (Rhosllannerchrugog)
1198. Teulu Penllyn (Yr Wyddgrug)
1199. Thelma Jones (Synod Inn)
1200. Thomas Williams (Pontcanna)
1201. Tim Pearce
1202. Timothy J Day (Bae Colwyn)
1203. Timothy John Holmes (Valley, Ynys Môn)

1204. Tom Parsons (Bangor)
1205. Tom Richards (Merthyr Tudful)
1206. Tomos Walker (Yr Wyddgrug)
1207. Tony Coleman (Blaenau)
1208. Tony McNally (Môn)
1209. Tracey Walters (Abertawe)
1210. Trefor Jones (Cerrigydrudion)
1211. Trefor Williams (Dwyfor)
1212. Trystan Lewis (Dyffryn Clwyd)
1213. Tudur Huws Jones (Llangefni)
1214. Twm Elias (Arfon)
1215. Valmai Davies (Penrhiwllan)
1216. Vanessa Owen
1217. Vicki Hinde
1218. Victoria Evans (Pontyberem)
1219. Vikki Tudur (Llanrwst)
1220. Vivienne Jenkins (Penybont ar Ogwr)
1221. Wena Lloyd Williams (Bethel)
1222. Wendy Parry (Bethesda)
1223. Wendy Parry (Dolgellau)
1224. Wendy Pugh (Môn)
1225. Wendy Thomas (Sarn Mellteyrn)
1226. Wenna Williams (Waunfawr)
1227. Wenora Pyrs Dolphin (Maerdy)
1228. Wil Davies
1229. Wil Morus Jones (Llŷn)
1230. Wil Owen (Abererch)
1231. Will Hughes (Môn)
1232. William Aled Jones
1233. William Gwyn (Môn)
1234. Williams Martin (Blaenau Ffestiniog)
1235. Wmffre Davies (Pontsian)
1236. Wyn Owen (Amlwch)
1237. Y Diweddar Towyn Jones (Castell Newydd Emlyn)
1238. Yasmin Turner (Harlech)
1239. Ydwena Jones
1240. Yoan Gallois
1241. Yvonne Balakrishnan (Caergybi)
1242. Yvonne Davis (Drefach, Llanelli)
1243. Yvonne Street (Cfon)
1244. Ywain Myfyr (Dolgellau)
1245. Zara HA

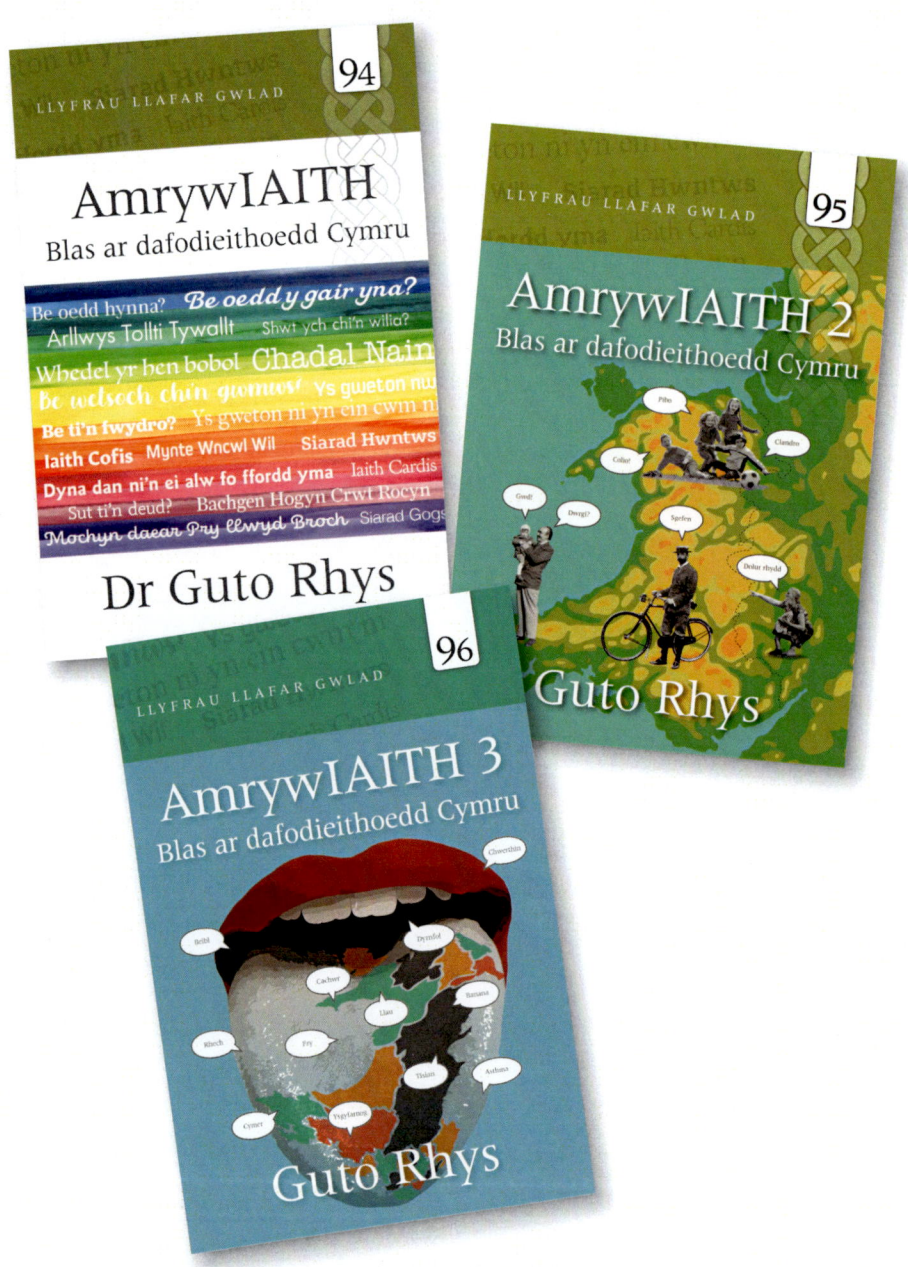

Casgliad o eiriau tafodieithol, geiriau newydd a thrafodaeth fywiog o bob math am yr iaith Gymraeg